동양상담학 시리즈 ❻

도덕경과 상담

박성희 저

Oriental Counseling Series

학지사

동양상담학 시리즈를 펴내며

　돌이켜보면 참 오랫동안 한국상담 또는 동양상담에 대한 연구와 논의의 필요성을 느껴 왔다.

　처음 상담계에 입문할 때에는 그저 서양에서 들어온 지식을 열심히 섭취하여 상담을 잘하기만 하면 그만이라고 생각했다. 상담의 발상지가 서양이니까 그렇게 하는 게 하나 이상할 것도 없고, 또 상담계에 종사하는 모든 사람들이 그렇게 하니까 아무런 의구심이 들지 않았다. 하지만 시간이 지나면서 조금씩 내가 하는 일에 무엇인가가 빠져 있다는 사실을 눈치 채기 시작했다. 서양 사람들에게서 뽑아 낸 상담 지식을 한국 사람에게 그대로 적용하는 데에 무리가 있다는 점을 알게 된 것이다. 그러니까 그때까지 나는 한국 사람을 미국 사람 대하듯 상담해 왔다. 이런 사실을 알게 되면서 내심 무척 당황하고 부끄러웠다. 한국 사람과 미국 사람이 모든 점에서 똑같다면 모르되, 그렇지 않다면 맞지 않는 옷을 어색하게 입히려는 우스꽝스런 짓을 하고 있었던 셈이다.

　이때부터 나의 고민은 시작되었다. 어떻게 하면 한국 사람들에게 어울리는 상담을 할 수 있을까? 어떻게 하면 한국 사람에게 적합한 상담 지식을 찾아내고 이를 체계적으로 정리할 수 있을까? 어떻게 하면 한국적 문화와 역사와 전통을 반영한 상담 이론을 구성할 수 있을까? 이런 고민 끝에 한국인의 일상생활에 스며 있는 삶에 대한 철학과 사상과 문화적 전통을 뒤져 보자는 생각을 하게 되었다. 이렇게 해서 이 책에 실린 원고들을 하나씩 쓰기 시작하였다. 이때 우연히 이웃나라 일본의 상담학자들도 일찌감치 나와 같은 고민을 하며 일본식 상담을 개발하였다는 사실을 접할 수 있었다. 모리타 상담과 나이칸 상담은 그들의 치열한 문제의식이 잉태한 일본식 상담론으로서 우리가 한 번쯤 살펴볼 만한 가치를 가지고 있다. 이 책의 제목이 한국상담이 아니라 동양상담이라고 붙여진 것은 일본상담이 포함되었기 때문이기도 하고, 동양사회를 관통하고 있는 유·불·도 삼가의 사상이 주요 주제로 다루어지고 있기 때문이기도 하다.

원래 이 원고 집필을 시작할 때는 한 권의 단행본으로 출판하려고 하였다. 그러나 작업을 하다보니 앞으로도 이런 작업이 끝없이 이어져야 할 거라는 생각, 그리고 연구가 완성될 때까지 오래 기다리기보다 그때그때 신속하게 연구 결과를 보고하는 편이 나을 거라는 생각이 들었다. 이 시리즈의 첫 원고가 이미 5년 전에 탈고되었다는 점이 이런 생각을 굳히게 했다. 앞으로

이 시리즈가 계속되기를 기대한다. 필자 역시 이 작업을 계속하겠지만, 한국상담과 동양상담에 관심 있는 상담학도라면 그 누구라도 이 작업을 이어갈 자격이 있다. 그리하여 앞으로 100권, 200권을 넘어서기까지 이 시리즈가 쌓여 가기 바란다. 감히 말하건대, 이 시리즈 목록의 길이는 한국상담의 성숙도를 보여 주는 바로미터가 될 것이다.

필자는 상담을 전공하는 후학들이 '우리와 우리 것'에 대해 관심 가지기를 간절하게 바란다. 원고를 쓰면서 필자는 우리 역사, 사상, 철학, 문화 속에 상담 정신이 깃든 자료가 그렇게 풍부하다는 데 정말 놀랐다. 그럼에도 불구하고 이들이 상담학도들의 눈에 띄지 않았다는 사실이 참 이상하다. 다소 늦기는 했지만 이 자료들을 정리하여 현대 상담 속으로 끌어들일 때가 되었다. 외국으로부터 배울 것은 배우되, 온고지신 하는 마음으로 우리 것을 품어서 한국상담학을 정립해 가는 창조적인 작업에 모두 동참하자.

이 작업을 시리즈물로 기획하자고 제안하신 김진환 사장님 그리고 상담에 대한 깊은 애정을 가지고 정말 꼼꼼하게 교정과 편집 책임을 맡아주신 최임배 부장님에게 감사의 말씀을 드린다. 앞으로도 좋은 상담책 많이 출판하셔서 한국상담계의 발전에 큰 몫을 담당해주시기 바란다.

청주 원봉산 자락에서, 박성희

머리말

　노자의 『도덕경』은 책 전체가 상담책이라고 말할 수 있을 정도로 삶을 행복하게 살아가는 지혜를 듬뿍 담고 있다. 도덕경을 읽으면 마음이 편안하고 넉넉해지는 것이 그것을 증명한다.

　얼마 전 우리 사회는 도덕경과 관련된 논쟁에 빠진 적이 있었다. TV에서 도덕경을 강의한 어느 동양학자의 주석에 대해 아주 색다른 해석을 하며 반박한 사람이 있었기 때문이다. 이것이 시발이 되어 도덕경에 대한 논쟁이 불붙고, 다양한 해석과 주장들이 나오게 되었다. 그리하여 도덕경에 별 관심이 없던 일반인들까지 도덕경에 관심을 기울이는 재미있는 사건이 발생했다. 그럼에도 불구하고 상담계에서는 이에 대한 아무런 반응이 없었다. 반응은커녕 도대체 그런 일이 있었는지 아예 관심이 없다. 사람들을 상담하는 상담자들이 사회적으로 주목받는 현상에 대해 이렇게 무관심하다는 것이 참 이상하기도 하고 신기하기도 하다. 하기야 이런 말을 하는 필자조차도 사회 현상에 대해 별로 신경 쓰지 않고 사니 더 말해 무엇하랴!

그렇다고 하더라도 도덕경처럼 세상을 행복하게 살아가는 원리와 기법을 담은 고전을 그냥 내버려두는 것은 좀 지나치다. 더구나 이 책에 제시된 많은 문구들이 오늘날 한국인의 삶에 직·간접으로 영향을 미치고 있다는 점을 생각하면 더욱 그렇다. 한국의 상담계가 왜 이렇게 됐는지 암담할 따름이다. 한 가지 원인을 추측해 보면 상담과 심리치료를 혼동하는 오류에서 찾을 수 있을 것 같다. 문제가 생긴 심리를 치료하는 활동을 상담이라고 생각한 상담자들이 공부할 자료를 오로지 심리치료와 관련된 것에서만 찾으려고 하기 때문이다. 그러니 심리치료에 대해 직접적으로 언급하지 않는 국내 자료나 고전을 쉽게 무시해버리는 현상이 생긴다.

상담의 본질이 무엇인지 그 정체성을 진지하게 탐색

하고 그에 어울리는 상담 지식을 쌓아 가는 일은 매우 시급하다. 이렇게 하지 않으면 머지않은 미래에 심리 치료를 전문으로 하는 사람들에게 상담이 통째로 접수 당할 수도 있다.

차례

1

왜 도덕경인가?

"나라는 작게 만들고, 백성의 수는 줄이며, 꼭 필요한 물건만을 십여 가지 갖게 하되, 그나마도 쓰지 못하게 하고, 죽음을 무겁게 여기도록 하고, 멀리 다니지 못하게 하는도다. 비록 배와 수레가 있어도, 그것을 타고 다닐 곳이 없으며, 설사 무장된 군대가 있어도 진을 칠 곳이 없느니라. 사람들로 하여금 다시 새끼를 묶어서 글자로 쓰는 것으로 돌아가게 하고, 음식은 맛있게, 옷은 보기 좋게, 집은 편하게, 풍속은 즐겁게 만드나니, 이웃나라는 서로 바라보이고 닭과 개의 소리를 서로 들어도 사람들은 늙어 죽을 때까지 서로 오고가지 않는다(80장)."

노자가 꿈꾸는 이상 사회의 모습이다. 세계화, 지구화 시대를 살아가는 현대인에게 시대착오적인 망상이라고 비판받아 마땅할 정도로, 노자가 도덕경에 그려놓은 이상 사회의 모습은 현실과 너무나 동떨어져 있다. 그러고 보니 이 세상은 노자가 2,500여 년 전에 꿈꿨던 모습과 정반대되는 방향으로 치달아 왔다. 2,500여 년이 지난 지금은 말할 것도 없지만, 노자가 살던 당시부터 도덕경은 현실 세계와 어울리지 않는 주장들을 펼쳤다. 이처럼 현실을 도외시한 황당무계한 서적의 내용을 왜 지금 상담과 관련지어 다루려고 하는가?

첫째, 도덕경은 우리에게 행복한 꿈을 꾸게 한다. 사람들이 때로는 현실을 창조하고 때로는 주어진 현실에 적응하여 살지만, 이 현실이 항상 사람들을 행복하게 해 주는 것은 아니다. 원치 않지만 어쩔 수 없이 그렇게 살아가야 하는 현실이 우리를 피곤하게 하고, 어딘가 다른 곳으로 가 쉬고 싶은 마음을 일으킬 때가 종종 있는데, 이럴 때 도덕경은 우리 마음이 쉴 수 있는 안식처를 제공한다.

둘째, 삶의 가치를 판단하는 기준을 꼭 현실에 둘 필요는 없다. 현실 세계에서 성공한 사람들 중에도 삶에 대한 만족과 행복을 느끼지 못하는 사람들이 숱하게 많다. 사실 '현실적임'과 '행복함'은 서로 다른 차원에 속하는 개념이다. 따라서 현실적이면서도 불행할 수 있고, 비현실적이면서도 행복할 수 있다. 도덕경은 현실 세계에서 우리가 처한 상황과 상관없이 언제나 행복할 수 있는 비결을 가르쳐 준다.

셋째, 실은 인류가 도덕경에 그려진 삶의 모습이 싫어서 다른 길을 택한 것이 아니다. 마음속으로는 그런 세계를 지향하지만 각박하고 험악한 현실이 그렇게 살도록 내버려두지 않았다. 그래서 도덕경은 인류에게 안타까운 마음의 고향으로 남아 있다. 그리워 되돌아가고 싶지만 현실로 존재하지 않는 곳, 또는 현실에 존재하지 않기 때문에 항상 아련한 추억과 안타까움으로 기억되는 곳에 불과했다. 그러나 가치의 춘추전국 시대라고 일컬을 수 있는 21세기를 맞아 '마음의 고향'

을 실제 삶의 터전으로 복원하고 실현하는 일은 새롭게 주목받고 있다. 이미 우리 주변에는 도덕경에서 추천하는 대로 자연스럽고 소박한 삶을 즐기려는 사람들이 늘어나고 있다. 행복하게 살고 싶은 현대인들이 도덕경에서 그 원리를 찾아내고 실제 삶으로 이를 구현하고 있는 것이다. 이는 현대인의 삶과 도덕경의 주장이 양립할 수 있음을 뒷받침하는 충분한 근거가 된다.

넷째, 몰라서 그렇지, 실제 우리들의 일상생활에 도덕경에 담긴 사상이 끼치는 영향은 매우 크다. 오늘날 우리가 활용하는 속담, 격언에서부터 철학 사상에 이르기까지 도덕경은 우리와 아주 가까이 있다. 우리가 잘 아는 '천리 길도 한 걸음부터.' '처음처럼(끝을 조심하기를 처음과 같이 하라).' '상선약수(가장 으뜸 가는 선은 물과 같다).' '부드러움이 강함을 이긴다.' '겸허하게 아래에 처한다.' '다투고 싸우지 마라.' 등 속담과 격언들은 모두 도덕경에 뿌리를 두고 있다. 그런가 하면 도덕경의 핵심인 도와 덕, 무위자연 사상 역시 우리가 걸핏하면 인용하는 단골 용어가 된 지 오래다. 도덕경에 담겨 있는 용어들이 일상언어로 이렇게 자리잡고 있다는 사실은 도덕경이 우리들 삶에 깊은 영향을 주고 있다는 명백한 증거다. 설사 우리가 사는 방식이 도덕경이 추천하는 바와 다를지라도 우리의 마음과 의식은 그런 삶에 익숙해져 있다. 이런 점에서도 도덕경은 주의 깊게 다루어야 할 상담학의 소재다.

도덕경은 인류가 아끼는 고전이다. 수천 년이 지난 지금에도 사람들 마음속에 이 책이 살아 있음은 쉽게 평가절하할 수 없는 소중한 가치가 이 책 안에 담겨 있기 때문이다. 이제 상담자의 눈으로 이 고전을 찬찬히 살필 때가 되었다. 노자가 추천하고 있는 삶의 원리와 방식들을 곱씹어 현대인의 삶과 연계시키는 작업을 시작하자는 말이다. 단순히 노자를 이해하는 데서 멈추지 말고, 한 발자국 더 나가서 우리 삶에 노자가 들어올 수 있는 길, 다시 말해 노자를 상담자로 불러들여와 도움받을 수 있는 길을 하나씩 열어 보도록 하자. 이 과정에서 우리가 전혀 예상치 못했던 축복을 만날지 누가 알겠는가?

노자의 도덕경 해설서와 번역서는 아주 많은 편이
다. 최근 대중매체에서 노자를 다룬 이후 이에 대한 관
심이 부쩍 늘어났다. 문제는 번역서들 사이에서 같은
한문을 놓고 전혀 다르게 해석하는 부분들이 발견된다
는 점이다. 이 중 어느 번역서가 보다 타당성이 있는지
확인하는 일은 한문을 해석할 줄 모르는 필자의 능력
을 벗어나 있다. 사정이 그렇기 때문에 필자는 이 글을
쓰면서 세세한 자구 해석에 매달릴 생각이 없다. 다만
그때그때 필자의 목적에 보다 적합하다고 여겨지는 해
석과 풀이를 가져다 쓸 것이다. 필자는 주로 다음 저자
들의 해석을 참고하였다. 김용옥(1999, 2000), 김형효
(2004), 노재욱(1994), 박이문(2004), 박종혁(1998), 서
복관(1995), 이경숙(2000, 2001, 2004), 조현숙(1991),
허항생(1995).

2

도덕경의 중심 개념

　얼핏보면 도덕경은 우주론이라고 말할 수 있을 정도로 세상만물의 근원과 작용 원리에 대해 논하고 있다. 하지만 "도덕경을 쓴 노자의 동기와 목적은 결코 우주론을 정립하는 데 있지 않고, 인생의 요구로부터 차츰차츰 높은 곳을 추구하여 우주의 근원으로 간주되는 곳에까지 추구함으로써 인생의 평온한 경지를 만드는 것이었다. 이렇게 볼 때 노자의 우주론은 그의 인생철학의 부산물이라고 말할 수 있다. 노자는 우주의 근원지에서 인간의 근원을 발견하려고 할 뿐 아니라, 이에 더해 우주의 근원지에서 인생과 자신의 근원이 서로 상응하는 생활태도를 결정함으로써 인생의 안전한 출발점을 얻으려고 한다. 따라서 도가의 우주론은 실인 즉 도가의 인성론이다. 왜냐하면 노자는 인간이 인간답다는 까닭의 본질을 우주 근원지에 두고서 그것과 일치되기를 요구하기 때문이다(서복관, 1995, pp. 41-42)." 이런 관점에서 보면 도덕경의 중심 개념들을 인성론 차원에서 해석하고 이해하는 작업은 충분한 타당성이 있다. 이 절에서는 도덕경의 중심 개념들을 더듬어 보고 그것들이 사람들의 인성과 사회적 삶에 어떤 시사점을 주는지 분석할 것이다.

1. 도(道)

도덕경은 도(道)에 대해 다룬 책이다. 도덕경에 담겨 있는 5,000여 개의 한자가 실은 도라는 말 하나를 설명하고 있다 해도 과언이 아니다. 다시 말해 도덕경은 도의 본질이 무엇인지, 도에는 어떤 특성이 있는지, 도의 작용과 기능은 어떤지, 도가 실생활에 체현되는 방식은 어떠해야 하는지 등에 대해 말하고 있다. 따라서 노자가 말하는 도라는 개념을 정확하게 파악하는 일은 도덕경을 이해하는 지름길이다.

먼저 도의 본질과 특성에 대해서 따져 보자. 도덕경의 글머리는 도에 대한 논의가 쉽지 않을 것임을 예고하고 있다(道可道非常道). 이 어구에 대해 사람들의 해석이 분분하지만, 도(道)라고 이름 붙여진 그것을 말로 제대로 드러내 표현할 수 없다는 뜻이라는 데는 동의하는 것 같다. 그렇다면 도는 우리가 언어를 사용하여 지칭하기 이전에 존재하는 어떤 것, 다시 말해 우리가 개념화하기 이전부터 존재하는 것을 말한다(박이문, 2004). 그렇기 때문에 우리가 '도는 ~한 것이다.' 라고 말할 때 항상 그 정의로 담아 내지 못하고 남겨진 부분이 있음을 인정해야 한다. 다시 말해 도에 대한 우리의 정의는 항상 부분적이고 불완전하고 미진한 것일 수밖에 없다.

이런 점을 전제하면서 노자는 몇 가지 방면으로 도

의 본질과 특성을 말하고 있다. "어떤 것이 혼돈되어 이루어졌는데, 하늘과 땅보다 먼저 생겼네. 홀로 서서 영원히 변하지 않으며, 두루 운행하여 그치지 않아서, 천하의 모태라 할 수 있네. 나는 그 이름을 알지 못하여, 그것을 글자로 도라고 한다(25장)." "도라는 것은 오직 황홀할 뿐, 황홀하여 그 속에 형상이 있으며, 황홀하여 그 속에 만물이 있네. 깊고 어두워 그 속에 생명의 본질이 있네. 생명의 본질은 너무도 참되어, 그 속에 신험이 있네(21장)." "보아도 보이지 않는 것을 이(夷)라 하고, 들어도 들리지 않는 것을 희(希)라 하고, 잡아도 잡히지 않는 것을 미(微)라 한다. 이렇게 셋은 끝까지 분별하여 밝힐 수 없으므로 혼융하여 하나가 된다. 올라가도 밝지 않고, 내려와도 어둡지 않다. 끝없이 이어져서 이름 지을 수 없으니, 형상이 없는 물체로 되돌아간다. 이것을 꼴이 없는 꼴이며, 짓이 없는 짓이라고 하며, 황홀이라고 한다(14장)."

도에 대한 이러한 기술에서 우리는 노자가 말하는 도는 천지만물보다 먼저 있는 것, 스스로 있는 것, 영

원한 것, 멈추지 않고 작용하는 것, 천지만물을 창조하고 생성하는 것, 생명의 본질을 담고 있는 것, 황홀한 것, 깊고 어두운 것, 이름도 없고 형상도 없는 것, 끝없이 이어진 것, 꼴 없는 꼴이며 짓 없는 짓임을 알 수 있다. 이 엄청난 말들을 필자가 이해하는 수준에서 거칠게 정리하면, 도라는 것은 스스로 존재하는 것으로서 쉽게 지각할 수 없지만 황홀하게 실존하며, 천지만물을 시작한 근원이면서 동시에 만물 사이를 운행하여 창조와 생성을 지속시키는 추진력인데, 그 운행이 은밀하여 하지 않으면서 다 하는 식이라고 요약할 수 있다. 그러니까 도는 내가 자각하든 않든 나를 있게 한 존재의 근원이면서 지금까지 나의 삶에 늘 영향을 주었고, 앞으로도 계속해서 나의 삶에 영향을 줄 것이로되, 나도 모르는 새에 그렇게 되리라는 것이다.

그런데 이 도는 비어 있고 고요하며(4장), '스스로 그러한' 자연을 본받아(25장) 행위도 욕망도 없다. 우주 만물의 기원이요, 모든 생명에 작용하는 창조와 생성의 근원이라면 마땅히 주재하는 자로서 욕망과 행위가 있을 법한데, 도에는 그런 것이 없다고 한다. 그러니까 욕망도 없고 행위를 하지 않으면서도 세상만물에 관여하여 작용하는 것이 도라는 말이다. 욕망 없는 욕망, 행위 없는 행위라는 언뜻 보기에 모순된 도덕경 고유의 역설적 표현이 딱 들어맞는 주장이다. (사실 앞에서 이미 언급한 '꼴 없는 꼴' '짓 없는 짓' 역시 도덕경 고유의 사유 방식을 보여 주는 표현이다.) 욕망과 행위가 없는 도는 따라서 텅 비어 고요할 따름이다. 세상만물 속에 흐르지만 정작 도 그 자체는 비어 있으며, 무엇을 하고자 원하지도 꾸미지도 않기 때문에 도는 고요할 수밖에 없다. 하지만 텅 비어 있다고 해서 아무 것도 하지 않는 것은 아니다. "도는 텅 비어 있으나 아무리 써도 다하지 않기(4장)" 때문이다. 도의 특성이 이렇기 때문에 도에 따라 사는 길은 욕망을 잠재우고 억지 행위를 하지 않음으로써 자신을 비우고 고요하게 지키는 것이라고 말할 수 있다.

앞에서 도는 만물을 창조하고, 또 그 생성 과정에 항

상 관여한다고 말했다. 그러면 도는 어떤 식으로 작용하고 만물에 어떤 식으로 관여할까? 노자는 "도가 비록 만물을 생성하고 키우지만 주인이 되지는 않는다(34장)."고 대답한다. 그러니까 도가 세상만물을 낳고 키우고 다스리는 일에 관여하기는 하지만, 하나의 주체로서 뚜렷한 방식을 고집하는 것은 아니라는 말이다. 만일 그러한 방식이 있다면 그것은 다만 '무위하여 자연에 순응하는 것'일 따름이다.

그런데 자연에 순응하는 도의 운행은 순환적이다. "되돌아오는 것은 도의 운행이오(40장)." "글자로 나타내어 그것을 도라 하고, 억지로 이름지어 크다라고 한다. 크게 되면 가는 것이요, 가게 되면 먼 것이며, 멀게 되면 돌아오는 것이다(25장)." "만물이 함께 일어나는데, 우리는 되돌아감을 볼 수 있다. 만물이 다양하지만 각기 근원으로 돌아간다. 근원으로 되돌아가는 것을 정이라 하는데, 이것을 본성으로 돌아간다고 한다(16장)." 도의 운행은 이렇게 순환하여 그치지 않고 끊임없이 이어져 계속된다. 즉, 근원에서 만물로 다시 만물에서 근원으로 순환 반복하는 운동을 멈추지 않는다. 세상만물 역시 이 도를 본받아 낳고 돌아가고 낳고 돌아가는 윤회를 거듭한다. 윤회를 지속하는 도의 회귀 작용을 인정한다면, 그 과정에 개입하여 억지를 부릴 필요가 없다. 세상만물은 도의 움직임에 따라 자연스럽게 원래 모습을 회복할 것이기 때문이다. 이를테면, 쏟아지는 폭풍우는 시간이 지나면 가라앉을 것이요, 심장이 터질 듯한 불안함도 어느새 사라져 평온한 마음을 회복할 것이다. 그러니 굳이 폭풍우를 가라앉히고 불안을 없애려고 애쓸 필요가 없다. 또 폭풍우가 가라앉고 마음이 평안하다고 해서 항상 그럴 것이라고 기대할 필요도 없다. 세상만물은 돌고 돌기 때문이다.

한편, 돌아가는(反) 도의 운행에는 순환·반복 이외에 상반·대립이라는 뜻도 들어 있다. 상반·대립은 다시 두 가지 뜻으로 나뉜다. 세상만물은 상대적일 뿐이라는 관점과 세상만물은 서로 상대를 향하여 발전한다는 관점이다. "있음과 없음은 상대적으로 생겨나고, 어려움과 쉬움은 상대적으로 대비되며, 앞과 뒤는 상대적으로 따르며, 소리와 메아리는 상대적으로 조화를 이룬다(2장)."가 전자에 해당한다면, "화에 복이 기대어 있고, 복에는 화가 숨어 있다. 바름이 다시 그르게 된다. 선함이 다시 악함이 된다(58장)."는 후자에 해당한다. 그러므로 도는 누구의 편도 아니다. 도는 악한 편도 선한 편도 아니고, 네 편도 내 편도 아니다. 도는 한편에 집착하지 않고 양편을 다 포괄하면서 서로를 이루어 주는 작용을 한다. '너'가 있으니 '나'가 있고, 선한 편이 있으니 악한 편이 있다. 아니 '나' 속에는 이미 '너'가 들어 있고 선함 속에는 악함이 이미 들어 있으니, 이 둘을 억지로 가르고 분리하는 일은 어리석을 따름이다. 한쪽에 치우쳐 고집을 부리고 집착하는 일이 도에 어긋난다고 하는 이유가 바로 여기에 있다.

　도는 부드럽고 약한 것이기도 하다(40장). 세상만물을 관통하여 흐르는 것이 도이지만, 그 작용은 결코 억세거나 강하지 않다. 도의 작용은 부드럽고 약한 것이지만, 바로 부드럽고 약하기 때문에 비로소 굳세고 강한 것을 이길 수 있다. "세상에서 가장 부드러운 것이 세상에서 가장 강한 것을 이긴다(43장)."부드럽고 약함이 굳세고 강함을 이긴다(36장)."굳고 강한 것은 죽은 것의 성질이요, 부드럽고 약한 것은 살아 있는 것의 성질이다(76장)."천하에서 물보다 더 부드럽고 약한 것은 없지만, 굳세고 강한 것을 치는 데 물을 이길 만한 것은 없다(78장)."그리하여 노자는 우리에게 약한 것에 처하고 부드러움을 지킬 것을 요구한다. 생명을 보전하면서 승리하며 강하게 살 수 있는 비결이 거꾸로 부드러움과 약함에 있기 때문이다. 여기서 '부드러움과 약함에 처하는 자세'가 뜻하는 범위를 조금 더 확장하면 낮은 곳, 천한 곳, 빈 곳, 작은 곳, 겸손한 곳, 드러나지 않는 곳, 뭇사람이 싫어하는 곳에 처하는 자세를 모두 포함한다. 이런 곳에 처하는 자세가 바로 자신을 안전하게 하면서 동시에 자연스럽게 덕에 가까운 처신을 가능케 하기 때문이다(서복관, 1995).

이와 같은 도는 세상 모든 것을 받아들이고 허락한다. 마치 바다가 모든 강물을 받아들이듯, 가장 낮은 계곡이 모든 것을 모이게 하고 감싸안듯 도의 수용성과 관용성은 끝이 없다. "도는 만물의 중심이니, 선인에게는 보배요 불선인에게는 편안한 곳이 된다(62장)." 이렇게 도는 선한 사람과 선하지 못한 사람을 구별하지 않고 다 받아들이며 결국 모두에게 편안한 안식처가 된다. 그러므로 노자는 서로 비교하여 차별하고 싸우고 다투는 일을 멀리 하라고 충고하는 것이다.

2. 덕(德)

"도는 하나를 낳고, 하나는 둘을 낳고, 둘은 셋을 낳고, 셋은 만물을 낳는다(42장)." 덕은 도가 분화된 것이다. 세상만물이 도를 얻어 형체로 화할 때 그 속에 내재하여 형체를 이루는 근거로 작용하는 것이 덕이다. 도가 전체로서 하나를 말한다면, 개개 사물 속에 나뉘어져 다수로 존재하는 것을 덕이라고 일컬을 수 있다. 그러니까 도와 덕은 본질상 같은 것인데, 도는 추상적·보편적 원리를, 덕은 구체적·개별적 원리를 지칭한다고 말할 수 있다. 원래 도는 실체와 움직임과 쓰임이 없다. 도가 본(本)으로서 고요한 것이고, 진(眞)으로서 비어 있는 것이며, 근(根)으로서 무용한 것이기 때문이다. 그런데 세상만물이 움직이지 않고 쓰이지 않는 도에서 비롯되었다고 하였으니, 움직이지 않는 도의 움직임과 쓰이지 않는 도의 쓰임을 설명할 필요가 생기게 된 것이다. 여기에서 등장한 개념이 덕이다. 다시 말해 도가 움직인 것이 덕이요, 도가 쓰인 것이 덕이다. 도가 덕으로 구체화된 것이다. 이 덕으로부터 '있음(有)'이 생겨나고 세상만물이 생겨난 것이다. 앞에서 도의 작용으로 반함, 약함, 부드러움을 말한 바 있는데, 사실 이 작용은 덕의 작용이라고 말하는 편이 더 정확할 것이다(서복관, 1995; 이경숙, 2004).

노자가 말한 덕은 세 가지로 나눌 수 있다(허항생, 1995). 첫째, 우주의 본원인 도의 덕성을 일반적으로 현덕(玄德)이라고 한다. 현덕은 덕이 가장 먼저 활동할 때, 아직 나뉘어져 형체가 되지 않았을 때의 덕으로서 도와 깊이 합쳐지는 덕을 말한다. 노자는 이것을 상덕(上德), 공덕(孔德), 상덕(常德)이라고 일컫기도 한다. 둘째, 도를 체현한 성인의 덕성을 또한 현덕이라고 한다. 성인이 비록 형체를 가지고 있지만 그 체현한 덕의 깊이가 깊어서 도의 덕성과 일치되기 때문이다. 셋째, 인간을 포함하여 세상만물이 지닌 덕성을 덕이라고 한다. 이는 세상만물에 분화되어 나타나는 덕으로서 우리가 일반적으로 말하는 덕을 뜻한다. 하늘의 덕, 땅의 덕, 인간의 덕이라는 말이 여기에 속한다. 이렇게 덕에는 현덕과 세상만물이 지닌 덕성이라는 차별이 있을 뿐 아니라 있고 없음의 차이, 많고 적음의 차이, 높고 낮음의 차이가 나타난다.

그리고 이 덕은 "만물을 길러 자라게 하고 익혀 주며 감싸고 어루만져 준다(51장)." 따라서 노자가 말하는 덕은 생명을 보호하고 위로하며, 성장시키는 역할을 담당하고 있다. 아울러 덕은 반함, 약함, 부드러움이라는 작용을 통해 모든 존재를 이끌어 도로 회귀시키는 일도 감당한다. 이렇게 보면 덕은 도를 완성하는 역할을 수

행한다고 할 수 있다. 도는 덕을 의지해 자신을 드러내고 덕은 도를 바탕삼아 세상만물에 관여한다. 세상만물이 도와 덕을 존귀하게 여길 수밖에 없는 이유다.

3. 무위자연(無爲自然)

노장 사상에 있어서 '무위'라는 개념은 '도'라는 개념과 더불어 가장 핵심적인 것이다. '도'와 '덕'이 궁극적 존재를 가리킴에 반해서, '무위'는 인간이 따라가야 할 행동에 관한 궁극적인 원칙을 말한다. 인간이 근본적으로 '어떻게 살아야 하는가.'라는 실천적 문제에 대한 노자의 답이 바로 '무위'다(박이문, 2004).

무위(無爲)는 말 그대로 '아무것도 하지 않는다.'는 뜻이다. 하지만 노자는 "위무위(爲無爲)(3장)", 즉 무위를 한다고 함으로써 무위가 단순히 '아무것도 하지 않는다.'는 뜻을 넘어서 있음을 말하고 있다. "무위는 문자 그대로 볼 때 행동하지 않는 것을 의미하지만, 사실은 행동을 가리키는 개념이다. 무위는 행동 정지의 원칙이 아니라 실천의 원칙이다. 그것은 행동하지 않는 행동을 의미한다. 인위에 반대되는 무위는 별 게 아니라 자연스러운 행위, 자연대로 살아가는 일을 가리킨다. 무위란 곧 도를 파악하는 행위이며, 도에 따라, 즉 있는 그대로 따라 살아가는 행위다(박이문, 2004, p. 146)."무위는 '함이 없음'이다. 그렇다고 무위가 곧 아무것도 하지 않음을 의미하는 것은 아니다. 무위는 곧 無僞다. 무위의 '위(僞)'는 유의적이고 조작적인, 도의 흐름에 배치되는 사특한 행위인 것이다. 그것은 위선적인 행위이며, 거짓적인 행위이며, 독선적인 행위이며, 전체를 파악하지 못하는 부분적인 행위다(김용옥, 1999, pp. 131-132)."악이 악한 대로 드러난 것은 무위이고, 추한 것이 추한 대로 보이는 것도 무위다. 빈 것은 빈 대로, 찬 것은 찬 대로, 곧은 것은 곧은 대로, 굽은 것은 굽은 대로, 원래 있는 그대로 꾸밈 없고 가식 없는 것을 노자는 무위라며 천시가 본시 그렇다고 말하는 것이다. 지금까지는 노자의 무위자연을 풀어서 말하기를, '함이 없는 자연'이니 해 왔으나, 노자가 말하는 무위자연의 정확한 의미는 '있는 그대로 스스로 그러함'이다(이경숙, 2004, p. 81)." 결국 노자가 말하는 무위는 '자연스런 행위', '아무런 꾸밈없는 행위', '있는 그대로 하는 행위' 등을 뜻하는 것으로 볼 수 있다.

그렇다면 도덕경에서 말하는 '있는 그대로 아무런 꾸밈을 하지 않는 자연스런 행위'는 어떤 행위를 말하는가?

첫째, '스스로 그러한 행위'를 말한다. '자연'이라는 말은 '스스로 그러하다.'는 뜻이다. 이 말은 세상만물에는 타고난 덕성(또는 본성)이 있는데, 그 덕성에 따라 스스로 그렇게 행하도록 둔다는 뜻과 같다. 그렇다면 이 스스로 그러하다는 것은 어떤 특징을 갖는 걸까? "스스로 그러함(自然)은 다른 사람의 뜻(他意)에 대비되는 개념이다. 자연은 외부에 보이고 인식되는 만물의 외면이라고 말할 수 있다. 즉, 자연은 남의 평가나 인식이 만물의 실제 그러한 것과 얼마나 차이가 있느냐

하는 외부 인식과 관련되어 있다. 무위가 유위 없이 홀로 있을 수 없는 것처럼, 자연이란 개념도 타의를 떠나서 존재할 수 없다. 자연이라는 말 속에는 이미 타(他)의 시선이 전제되어 있는 것이다. 자신을 보아 주는 다른 어떤 시선이 전제되지 않으면 '스스로 그러함'은 아무런 의미가 없는 것이다. '스스로 그러하다.'는 것은 '남이 어떻게 보거나 말하건 간에 관계없이…'라는 전제의 생략을 담고 있다는 말이다. 그러면서도 동시에 그러한 전제가 부정되지 않으면 안 되는 것이 '스스로 그러함'이다(이경숙, 2004, p. 278)." 그런데 세상 만물이 지니고 있는 스스로 그러함의 내용은 구체적인 말로 표현될 수 있는 것이 아니다. 각 사물의 스스로 그러함은 남이 어떻게 보거나 말하거나 상관없이 성립된다는 점에서 그렇다. 따라서 "말이 필요 없는 것이야말로 스스로 그러함이다(23장)." 스스로 그러함이 분명히 존재하기는 하지만 명확하게 말로 찍어서 표현할수 있는 것이 아니라는 말이다. 하지만 이렇게 해서는 '스스로 그러함'에 대한 의미가 선뜻 와 닿지 않는다.

한 가지 예를 들어 필자가 이해한 '스스로 그러한 행위'를 이해해 보도록 하자.

"나는 박성희라는 사람으로서 총체적인 어떤 분위기와 생각과 느낌을 가지고 있다. 그런데 사람들은 나에 대해 이런저런 말을 한다. 때로는 맞는 말도 있고 때로는 틀리는 말도 있지만, 나에 대한 다른 사람들의 말에는 항상 무언가 빠진 것이 있다. 그들은 나의 일부만을 볼 뿐 전체를 알지 못한다. 나의 나됨은 오직 나만 알 따름이다. 따라서 어떤 행동을 할 때 나는 내가 중심이 되어 지금 내가 정말 하고 싶은 것이 무엇이고 필요한 것이 무엇인지 판단하여 그에 따라 자연스럽게 움직인다. 누가 무어라 하건 그게 바로 나다."

"창 밖에 있는 저 아카시아 나무는 계절의 변화에 따라 다른 모습을 보인다. 봄이 오면 싹이 트고 잎이 자라다가, 초여름이 되면 꽃을 피운다. 가을에는 열매를 맺고 낙엽을 떨구고, 겨울이 되면 벌거벗은 몸으로 서 있다. 그렇게 나무는 끊임없이 자란다. 나무의 모습이 이렇게 달라지는 것은 누가 억지로 시켜서가 아니라 스스로 그렇게 되는 것이다. 나무의 생명이 스스로 그렇게 변하고 자라도록 작용하기 때문이다."

둘째, 꾸밈이 없는 행위를 말한다. 꾸미는 행위는 자연스러움에다가 인공적인 요소를 가미하는 인위적인 행위를 뜻한다. 인위적 행위는 어색할 뿐 아니라 오래 가지도 못한다. "발돋음하고서는 서지 못하고, 양쪽에 걸치고는 나아갈 수 없다. 스스로 드러내는 자는 밝을 수 없고, 스스로 옳다고 하는 자는 밝혀지지 못하며, 스스로 자랑하는 자는 공이 없고, 스스로 자랑하는 자는 오래 가지 못한다(24장)." 박이문(2004)은 인위를 두 가지로 설명하고 있다. 먼저 인위는 자연스러운 행위와 대립됨으로써 그 의미를 갖는다. 인간은 자연이라는 주어진 여건 속에서 살면서 자신의 욕망을 충족시키기 위해 스스로를 내세우고 스스로를 자연과 대립시킨다는 것이다. 이때 자연은 하나의 대상으로 전락하게 되고, 이때부터 인간은 자연이라는 모든 사물 현상을 자신의 욕망을 채우기 위한 도구로 대하게 된다. 또 인위적인 행위는 인간의 지적 행위라고 말할 수도 있다. 인위는 있는 그대로의 사물 현상을 사람의 지력에 의하여 억지로 비틀어놓는 행위다. 소위 문화라고 하는 것은 인간이 지력을 사용하여 자연을 인간화해놓은 것에 지나지 않는데, 이렇게 인간화된 자연은 인간에게 도움이 되지 않는다. 결국 인위는 인간을 자연으로부터 떼어놓는 행위에 불과할 따름이다. 이를 복구할 수 있는 유일한 수단이 자연에 아무런 인공 요소를 가하지 않는 행위, 즉 무위다. 무위는 자연과 인간 사이를 매개하여 조화를 이루고 그 거리를 좁혀 주는 행위 양식이다. 따라서 노자가 말하는 무위자연은 반문화적, 반인위적 행동을 말한다고 해석할 수도 있다.

도덕경에는 "무위의 원칙에 따라 일을 처리하면 다스려지지 않음이 없을 것이다(3장)."라는 문구가 나온다. 여기서 무위는 사람의 자연스런 본성에 어긋나는 인위적인 정치를 배척하는 말이다. 그러니까 제대로 된 큰 정치는 유가, 묵가, 법가 등에서 강조하는 인, 의, 예, 애, 법과 같은 인위적 기준에 의해서가 아니라, 정치가의 개입과 작위가 배제될 때 이루어질 수 있다는 말이다. "위대한 도가 무너지고서 인의가 있게 되었고, 지혜가 나오고서 큰 거짓이 있게 되었다(18장)." "그러므로 도를 잃은 뒤에 덕이 있고, 덕을 잃은 뒤에 의가 있고, 인을 잃은 뒤에 의가 있고, 의를 잃은 뒤에 예가 있다. 예란 성실과 소박이 엷어진 것이요, 어지러움의 시작이다(38장)." 따라서 정치가는 인위가 배제된 무위의 정치를 해야 한다. 겸허한 태도로 언제나 겸손한 위치에 처하며, 다른 사람과 다투지 아니하고, 감히 무엇인가를 하려고 나서지 않아야 한다(허항생, 1995). 정치가 그러할진대 생활인의 삶에서 인위적인 조작과 가식 없이 꾸미지 않고 생활하는 무위의 자세가 무엇보다도 중요하다고 본 것이다.

셋째, 있는 그대로 일어나는 행위를 말한다. 도덕경은 "사람은 땅을 본받고, 땅은 하늘을 본받고, 하늘은 도를 본받고, 도는 자연을 본받는다(25장)."는 글에서 하늘과 땅, 도와 자연은 사람을 위해서 존재하는 것이 아님을 분명히 밝히고 있다. 이들은 인간의 기대, 좌절, 희망, 믿음과 무관하게 움직이는 스스로 그러한 존재일 뿐이다. 그러므로 인자하지도 무자비하지도 않다. 만일 하늘과 땅이 인자하게 되면 반드시 조작하고 편들어 세우고 베풀고 변화시키고 하는 따위의 장난이 개입된다. 이들은 다만 본래 타고난 성품에 따라 스스로 그렇게 움직일 따름이다. 그러므로 사람이 할 일은 있는 그대로 일어나는 행위를 받아들이고 포용하는 것뿐이다. 인간의 바람과 원망을 섞지 않고 자연이 가지고 있는 성품 그대로 행하고 드러날 수 있도록 내버려두라는 말이다. 이 말은 세상을 살아가며 자아를 내세우지 말라는 뜻으로 해석된다. 자아를 앞세우지 말고 세상만물의 그러함을 있는 그대로 수용하라는 것이다. 비는 올 때가 돼서 오는 것이지, 기우제를 지낸다고 오는 것이 아니다. 인간의 마음으로 하늘을 움직인다고 생각하는 것은 착각에 불과하다. 그러니 이런저런 일에 특별히 마음을 쓰지 말고 있는 그대로 편안하게 받아들이는 편이 낫다. 무위하는 자연이 그렇듯이 사람도 마음가짐을 이렇게 가지라는 뜻이다. 마음을 이렇게 가지면 특별히 집착할 일이 없어진다. 집착은 자아를 앞세워 세상만사를 자아가 원하는 방향으로 틀어쥐려는 데서 생긴다. 변화와 개혁을 추구하는 행위도 알고 보면 자아의 집착에 뿌리를 두고 있다. 그런데 이 집착은 사람을 고통스럽고 괴롭게 만드는 중요한 원인이다. 노자는 무위, 다시 말해 자아의 개입을 중지함으로써 이 집착을 버리라고 충고한다. 세상만물을 있는 그대로 받아들이면서 마음 편히 살라고 한다.

넷째, 비우라는 뜻을 담고 있다. "노자 철학을 총괄해서 보면 그가 말하는 스스로 그러함은 분명 어떤 특징이 있다. 그 특징이 무엇인가? 노자가 말하는 스스로 그러함은 바로 만물의 존재 방식이 '빔'을 극대화시키는 방식으로 유지될 때 스스로 그러하다고 하는 것이다. 즉, 항상 도는 스스로 그러할 때, 빔을 유지한다는 것이다. 스스로 그러하지 못하다는 것은 그 빔을 채워버리는 방향, 그 빔을 근원적으로 파괴시키는 방향으로의 사태를 가리키는 것이다. 따라서 함이 없음(무위)은 아무것도 하지 않음이 아니라 빔을 유지하는 함이요, 그 빔을 유지하는 함이야말로 바로 스스로 그러함이라는 것이다. 이것은 당위가 아니라 자연이다. 이것은 곧 모든 존재를 스스로 그러하게 내버려둘 때는 반드시 스스로 그러하게 허를 유지한다고 하는 자연의 모습을 가리키는 것이다. 인간의 유위적 행동만이 빔을 유지시키지 않으며 스스로 그러함을 거부한다는 것이다. 스스로 그러함은 존재의 자연이다. 여기서 우리는 허와 무위와 자연이 하나로 노자 철학에서 관통되고 있음을 발견한다. 그리고 그것이 바로 도의 쓰임(용)이다(김용옥, 1999, p. 230)." 그릇이 비어 있어야 무엇인가를 담는 자기 용도로 활용될 수 있는 것처럼, 사람의 마음도 비어 있어야 스스로 그러한 자연스런 행위가 나올 수 있다. 마음이 무엇인가로 가득 차 있으면 마음의 자연스런 성품이 드러나지 않을 뿐더러 새로운 것을 채우지도 못한다. 그러므로 마음을 순간순간 비워두어야 한다. 잠깐 무엇인가를 채우더라도 다시 비우는 행위를 반복함으로써 빔을 계속 유지해 나가야 한다. 이렇게 함으로써 마음은 고요하게 가라앉고 점차 욕망으로부터 초탈하여 나의 삶이 유래한 바의 덕으로 돌아가는 일이 가능해진다(서복관, 1995).

다섯째, 욕심을 적게 가지라는 뜻을 담고 있다. "도를 하면 날로 던다. 덜고 또 덜어서 지어서 함이 없는 데까지 이르게 된다(48장)."라는 문구는 사람의 지각과 욕망을 완전히 줄여버림으로써 지어서 하는 일이 하나도 없는 무위의 경지에 도달함을 뜻한다. 하지만 노자는 문자 그대로 '무욕'을 말하는 것이 아니다. 노자가 주장한 무욕은 결코 인간 생리의 자연스러운 욕망을 부정하는 것이 아니라, 마음의 지각 작용을 자연스러운 욕망의 이면에까지 덧붙여서 일을 꾸미거나 부추기는 상황을 반대한 것이다(서복관, 1995). 한 걸음 더 나아가 "(백성에게) 소박한 것만 보게 하며, 질박한 것만 갖게 하고, 개인적인 것은 줄이며, 하고자 하는 바를 적게 해야 한다(19장)."는 문구에서 노자가 말하는 무욕의 실체가 잘 드러난다. 무욕의 실제적 의미는 욕심을 줄이는 과정이다. 인간에게 욕심이 없을 수는 없다. 그러나 항상 사를 줄이고 욕심을 적게 하는 방향으로 끊임없이 노력해야 한다. 욕심을 줄이는 과정, 즉 과욕

(寡慾)이야말로 우리가 소박한 삶을 살 수 있는 첩경이
다. 인생은 과욕을 향하여 노력하는 과정이다(김용옥,
1999). 그리하여 노자는 세 가지 보배의 하나로 검약함
(67장)을 들고 있는 것이다.

3

도덕경에 제시된 삶의 원리

앞에 제시한 도, 덕, 무위자연의 개념 속에 이미 어떻게 사는 삶이 바람직한지 언급되어 있다. 자연을 본받아 무위하면서 덕을 실현하고 도로 회귀하는 삶을 살라고 노자는 열심히 말하고 있다. 노자의 이런 주장을 이제 현대화된 감각으로 풀어 보는 작업을 시도해보자. 도덕경에 직접 표현된 말, 그리고 행간에서 읽히는 내용을 중심으로 바람직한 삶의 원리를 재구성해보자.

1. 삶의 목적

노자는 삶의 목적을 행복하고 즐겁게 아주 오래 사는 것에 두고 있다. 삶은 그 자체로서 정당화될 수 있고 깊은 의미를 가진다. 이 세상에서의 삶은 가능한 한 그 삶을 즐겁게 살아가는 것 외에 다른 목적이 없다. 삶은 하나의 재미있는 놀이요, 즐거운 과정이다(박이문, 2004). 따라서 우리의 삶에서 생명을 이어 가는 것보다 더 중요한 일은 없다. 아무리 고귀한 일이라도 생명을 대가로 치러야 한다면 하지 않는 편이 낫다. 사회가 여러 가지 감언이설로 생명의 희생을 아름답게 장식하더라도 여기에 속지 말아야 한다. 돈을 잃는 것은 아주 조금 잃는 것이요, 명예를 잃는 것은 조금 잃는 것이요, 건강을 잃는 것은 많이 잃는 것이요, 생명을 잃는 것은 전부를 잃는 것이다. 그러므로 세상을 살아갈 때 생명 보존하는 일을 첫 번째 가치로 삼아야 한다. 생명을 보존하며 살아가는 재미를 만끽하는 일보다 더 중요한 삶의 목적은 없다.

이 귀중한 생명을 보전하고 유지하기 위하여 노자는 조용하게 살라고 충고한다. "도덕경 전체가 따지고 보면 몇 안 되는 말의 반복 또 반복이다. 그것을 요약하면 '남과 싸우지 마라, 나서지 마라, 말로 떠들지 마라, 죽은 듯이 조용히 몸이나 잘 보존하고 살아라.'다. 이게 다다. 그것을 무려 오천 자나 되는 잔소리로 골백번 되풀이하고 있는 것이다(이숙경, 2004, p. 286)." 그리하여 없는 듯이 사는 것이 가장 좋다. 누구 하나 알아주는 사람 없어도 나 홀로 유유자적 삶을 즐기며 살 수 있다면 이미 도를 깨친 성인의 경지에 도달한 사람이다. 사회생활을 하자니 성인처럼 없는 듯 지내기가 어렵다면 그 정신을 살려 자신을 낮추고 살면 된다. 매사에 나서지 말고 자신을 낮춤으로써 겸손하게 살아가는 것이다. 남보다 잘 나기 위하여 애쓸 필요도 없고, 잘났다고 증명해 보일 필요도 없다. 오히려 내가 있음으로 남들이 스스로 잘났다고 느낄 수 있게 자신을 낮추고 감추며 살아간다. 이렇게 하면 굳이 원치 않는 주목을 받고 표적이 될 이유가 없다. 자신의 유능성을 드러내며 값비싼 상품으로 포장할수록(몸값이 비싸질수록) 적이 많아지고 세상살이가 고달파진다는 사실을 명심할 일이다.

현대인은 특히 "다른 사람과 다투고 싸움하지 말라(8장, 68장)."라는 노자의 말에 귀를 기울일 필요가 있다. 세상의 많은 불행이 다투고 싸움하는 데서 발생한다. 흔히 자기를 고집하고 굽히지 않을 때 다툼이 발생하는데, 자칫 이 다툼은 안전을 위태롭게 하고 생명을 빼앗는 사태로 발전하기도 한다. 손쉽게 상대를 해칠 수 있는 수단이 많아진 현대에는 특히 더 그렇다. 그러니 매사에 조심하고 다른 사람들과 다투지 않도록 자신을 경계해야 한다. 그러기 위해서 다른 사람에 대한 관용성을 더하고, 또 다툼의 원인이 되는 분노를 잘 다스려야 한다. 이렇게 하면 마음을 편하게 유지하면서 안전하게 살아갈 확률이 높아진다.

2. 자기 관리

도덕에 합당하게, 그리하여 행복하게 오래 살려면 자기 관리를 잘 해야 한다. 도덕경에 나타난 자기 관리 방법은 한마디로 '마음을 허정(빔과 고요함)하게 유지하는 일'로 압축된다. 그러면 어떻게 우리 마음을 비우고 고요하게 유지할 수 있을까? 크게 세 가지로 나누어 살펴보자.

1) 지각 작용 중지

마음에는 대상 세계를 알아차리고 분별하는 지각 작용이 들어 있다. 그런데 이 지각 작용은 원래 스스로 그러한 도의 자연스러운 표출을 뒤틀고 왜곡하는 특성이 있다. 우리가 어떤 대상을 지각하고 인식할 때 모종의 기준을 전제하게 되는데, 이러한 기준은 대상에 대한 순수한 지각과 인식을 어렵게 한다. 선입견이라고 표현할 수 있는 이러한 기준은 순수한 대상 인식을 어렵게 할 뿐 아니라 마음을 어느 한 방향으로 몰아가는 역할을 하기도 한다. 따라서 지각이 작용하지 않도록 훈련하는 일은 스스로 그러한 도의 세계로 다가가는 지름길이다.

흔히 지각 작용은 대상에 대한 차이를 인식하는 지식(分別知)으로 표출되는데, 이 분별지에는 비교·경쟁·추적하는 기능이 담겨 있다. 좋고 싫음, 선하고 악함, 잘하고 못함 등을 비교하고, 다른 사람과 경쟁하며, 이리저리 판단하고, 이유를 따지는 정신 작용이 바로 그것이다. 분별지는 끊임없이 자아를 부추기고 확대하는 방향으로 전개되어 쉴 틈 없이 마음을 분주하게 만든다. 사람이 분별하는 지각 작용에 매달리는 한 마음은 결코 고요해질 수 없다.

여기에 노자는 "덜고 또 덜어서 지어서 함이 없는 데까지 이르라(48장)."라고 충고한다. 마음 공부는 새로운 것을 더 배워 쌓아 가는 것이 아니라 마음의 지각 작용 자체를 덜고 덜어서, 결국 아무것도 작용하지 않는 경지에 도달하는 데 목적이 있다. 따라서 지각 작용이 멈출 때까지 마음을 비우고 또 비우는 것이 고요함을 얻는 유일한 방법이다. 마음의 지각 작용이 멈추고 고요해지면 "밝고 밝아 사방을 비추는(10장)" 덕의 정신 상태로부터 세상만물을 차별하지 않고 평등하게 관조할 수 있는 지혜로운 안목이 흘러나온다.

결국 노자는 우리에게 생각하지 말고, 해석하지 말고, 고민하지 말고, 판단하지 말고, 비교하지 말고, 경쟁하지 말고, 따지지 말라고 당부하는 것이다.

2) 욕망 줄이기

욕망은 사람을 움직이게 하는 기본 동력이다. 욕망이 없다면 이미 산 사람이라고 보기 어렵다. 하지만 지나친 욕망은 사람을 들뜨게 하고 위태롭게 한다. 욕망으로 가득 차면 고요하게 살기가 불가능하다. 그리고 욕망 충족은 새로운 욕망을 불러들이는 끝없는 순환이 지속된다. 그리하여 덜고 또 덜라는 노자의 충고는 욕망에도 적용된다. 마음의 평정을 유지할 수 있을 때까지 쓸데없는 욕망을 덜고 또 덜라는 것이다. 실제로 노자는 "몸을 없이 하라(13장)."라는 말을 하고 있다. 그 정도로 욕망을 경계하는 일은 중요하다. 하지만 노자의 이 말이 몸으로부터 비롯되는 생리적인 욕망과 생명의 가치를 부정하는 것은 아니다. 노자가 말하는 무욕은 인간 생리의 자연스런 욕망을 부정하는 것이 아니라, 마음의 지각 작용에 의해 꾸며진 욕망을 추구하지 말라는 뜻이다. 마음이 기를 부리지 않고(55장) 몸에 속한 순수한 생리 욕구(氣)를 충족시키는 일은 오히려 도에 가깝다. 그러니까 생리적인 현상에 근거를 둔 욕망을 자연스럽게 충족시키되, 그 이상 욕망을 불러일으키지 말라는 것이 노자의 주문이다. 향락과 사치를 일삼는 감각적인 삶을 피하고 생존 조건을 충족시키는 검소하고 질박한 삶을 살라는 것이다(12장). 설사 욕심을 내더라도 지각 작용을 일으켜 꾸미지 말 것, 그리고 가능한 한 줄여 나갈 것, 즉 소사과욕(19장)하라고 간절히 타이르고 있다.

3) 기타

앞에 말한 두 가지 길 이외에도 노자는 여러 가지 방

면으로 마음을 가라앉히고 자신을 관리하는 방법에 대해 말하고 있다. 이들을 뽑아 간략하게 검토해 보자.

첫째, 사회적 가치에 매달리지 말라. 인·의·지혜·효제 등 사회적으로 중요하게 여겨지는 가치들은 큰 도가 무너진 후에 생긴 것이다. 큰 도는 원래 이 같은 가치들을 억지로 수행하라고 강요하지 않는다. 이 가치들은 사람들의 삶 속에서 자연스럽게 실행되어야 할 것들이지, 억지로 가르쳐 이끌어야 할 유위의 덕목이 아니다. 사회적으로 규정된 가치들이 인위적으로 주입되면 사람들은 우스꽝스럽게도 여기에 목숨을 거는 일이 종종 발생한다. '네'로 대답하는 것이나 '응'으로 대답하는 것이 대단한 차이가 아님에도 불구하고, 사회는 여기에 온갖 법석을 떤다. 그러니 사회에서 규정한 옳은 가치에 너무 매달리지 말고 자연스러움을 따라 살라는 것이다(18, 19, 20장).

둘째, 자신을 알라. 사람의 앎은 타인에 대한 앎으로부터 시작된다. 우리는 어려서부터 끊임없이 타인을 아는 과정 속에서 지식을 습득하고 지혜를 터득한다. 그런데 이렇게 남을 통해 아는 것은 결국 스스로 아는 것, 즉 남의 전제가 없이 나 스스로 깨닫게 되는 것 속에서 완성된다. 삶의 지혜란 곧 자기를 아는 것이다. 여기서 '자기'란 것은 자타의 대립적 구분이 말소된 나의 삶 그 자체요, 나의 체험 그 자체다(김용옥, 2000). 따라서 우리는 성장함에 따라 점차 타인에 대한 관심을 거두어들이는 대신 자신을 잘 알아 가야 한다. 타인과 비교하고 경쟁하는 데 에너지를 낭비하지 말고, 내가 무엇을 체험하고 어떤 경지에 와 있는지에 관심을 가지는 편이 낫다(33장).

셋째, 족함을 알라. 자신이 현재 가진 것, 현재 이룬 것, 현재 사는 것에 만족할 줄 알면 행복하게 살 수 있다. 사람의 욕망은 끝이 없어, 항상 지금보다 더 나은 미래를 꿈꾸며 때로는 이를 충족시키려고 위험한 모험을 감수하기도 한다. 그러나 현재의 족함을 모르고 욕망을 향해 돌진하다보면 생각지도 못했던 불상사가 일어나기 마련이다. 노자는 우리에게 생명이 재물이나 명예보다 소중하다고 일깨운다. 그리하여 생명을 간직하고 있는 이 순간 최상의 만족을 누리라고 한다. 이러한 만족은 누가 빼앗아갈 수도 없고 방해할 수도 없다. 따라서 스스로 만족할 줄 알면 욕되지 않고, 그칠 줄 알면 위태롭지 않아서 편안하게 오래 살아갈 수 있다고 한 것이다(44장).

넷째, 변화를 막고 현상을 유지하라. "노자는 변화를 좋아하지 말라고 가르친다. 그리고 세상에 대해 문을 닫으라고 한다. 문을 열어놓으면 바깥세상이 보이고, 바깥세상이 보이면 그 변화가 보이고, 세상이 변하는 것을 보게 되면 자기도 변하고 싶은 충동과 조급함을 갖게 되는 것이다. 그러므로 세상을 향한 문을 닫고 변화에 몸을 싣지 말라는 당부다. 그러면 한몸이 다하도록 고달프지 않을 것이다. 노자는 생명을 유지하는 데 꼭 필요한 정도의 양식과 필수불가결한 소박하고 질박한 일용품의 획득에 필요한 이상의 노동은 불필요하다고 한다(이경숙, 2004, p. 160)." 따라서 현실을 개선하려는 욕구를 버리고 최소한의 노력으로 현상을 유지한 상태에서 고요하게 살아가는 것이 최상책이다(52장).

다섯째, 절대적 사고를 버리고 유연한 사고를 가져라. 사람들은 흔히 세상사를 옳고 그름, 의와 불의, 선과 악, 길과 흉, 화와 복으로 나누어 판단하는데, 사실 무엇이 옳고 그른지 무엇이 화이고 복인지를 가늠하는 절대적인 잣대는 없다. '새옹지마'에 얽힌 고사가 말해 주듯, 한때 화라고 여겼던 일이 복으로 바뀌고 복이라고 여겼던 일이 화로 바뀌는 일은 늘 일어난다. 그러니까 어느 한 가지 측면에 집착하여 마음을 휘젓고 흥분할 이유가 없다. 열린 자세로 주변에서 일어나는 다양한 사건들을 포용할 수 있는 유연한 사고를 습관화하면 쓸데없이 흥분할 일이 없어진다. "화에 복이 기대어 있고, 복에는 화가 숨어 있다. 바름이 다시 그르게 된다. 선함이 다시 악함이 된다(58장)."

여섯째, 상대의 입장에서 보라. 사람의 자아는 늘 자기중심적이다. 자신을 판단하는 일은 말할 것도 없고 세상을 대할 때에도 항상 자신의 입장과 관점이 앞선다. 심지어 상대방이 깊은 고민을 털어놓을 때에도 어느 틈에 그것에 자신을 관련지어놓는다. 이러니 공감하기가 힘들고 다른 사람들과 의미 있는 의사소통을 하기가 어렵고 문제해결에서 멀어진다. 노자는 여기에 자기중심성을 벗어나라는 인식의 전환을 요구한다. 세상 모든 일을 대할 때 나를 접어 두고 '그것'의 입장과 시각에서 생각해 보라고 한다. "그러므로 몸으로써 몸을 보고, 집으로써 집을 보고, 마을로써 마을을 보고, 나라로써 나라를 보고, 천하로써 천하를 보아야 한다. 이것이 내가 천하가 왜 그러한지를 잘 아는 이유다(54장)."

도덕경 56장은 지금까지 이야기한 바를 아주 잘 요약하고 있다. "그 감관(感官)의 구멍을 막고, 그 심식(心識)의 문을 닫으며, 그 분별(分別)하는 태도를 꺾고, 그 엉킴을 풀며, 그 빛을 부드럽게 하고, 그 티끌과 같이 하는데, 이것을 일컬어 현동(玄同)이라고 한다. 그러므로 (이런 사람은) 친애할 수도 없고 멀리 할 수도 없으며, 이롭게 할 수도 없고 해롭게 할 수도 없으며, 귀하게 할 수도 없고 천하게 할 수도 없다. 따라서 천하에 귀한 존재가 된다."

3. 사회생활의 원리

도덕경은 일종의 처세술을 가르치는 책이라고 말할 수 있을 정도로 세상을 살아가는 방법에 대해 많은 충고를 하고 있다. 여기서는 노자가 추천한 처세법을 크게 세 가지로 나누어 살펴보도록 한다.

1) 사회생활의 일반 원리

먼저 사회생활 전반에 적용되어야 할 원리를 더듬어 보자. 첫째, 부드럽고 약하게 살라. 노자는 부드럽고 약하게 살 것을 강조한다. 약한 것은 도의 쓰임으로서 (40장) 부드러움과 약함은 억세고 강함을 이기며, 천하에 가장 부드러운 것이 천하에 가장 강한 것을 부린다 (36, 43, 78장). 자기를 고집하지 않는 물이 틈새가 있는 곳이면 어느 곳이나 들어가고 굳은 바위를 뚫고 지나는 것처럼, 부드럽고 약함이 실은 강함을 이기는 비결이다. 그러므로 억지로 강해지려고 노력할 필요가 없다. 항상 자신을 부드럽게 유지하고 약한 곳에 처하기를 두려워하지 말아야 한다. 사회생활에서 자기 철학과 주관이 뚜렷한 사람이 일견 멋있고 처신을 잘 하는 것 같다. 하지만 이렇게 굳고 강하게 살다보면 쉽게 피로해지고 또 적이 생기기 마련이어서 머지않아 부러질 때가 온다. 그러니 모든 관계를 부드럽게 하고 타인의 눈에 무르게 보이는 삶을 사는 것이 결코 어리석은 짓이 아니다. 부드럽고 약한 사람을 누가 일부러 해치려고 하겠는가? 따라서 몸을 부드럽고 유연하게 관리하듯, 자신의 마음을 부드럽게 하고 사람들과의 관계도 부드럽고 유연하게 관리하는 것이 좋다.

둘째, 낮은 곳에 처하라. 부드럽고 약하게 사는 생활은 낮은 곳에 처하는 생활과 일맥상통한다. 겸허한 자세로 낮은 곳, 천한 곳, 사람들이 싫어하는 곳에 머무는 일도 세상을 살아가는 중요한 처세법이다. 강한 줄 알면서도 약자의 입장을 지키고 결백하여 깨끗함을 알면서도 허물과 오명을 감수하는 것은 천하의 법도를 지키는 일이다(28장). 강과 바다가 온 골짜기의 왕이 될 수 있는 것은 아래에 머물기를 잘 하기 때문이다(66

장). 아래에 머물다보면 세상의 온갖 흐름을 끌어안고 포용하는 일이 가능해지기 때문이다. 사람들은 높은 곳에 있는 사람 또는 교만하고 거만한 사람에게는 자신을 잘 노출하지 않는다. 자기 잘난 체를 하니 사귀어도 재미가 없을 뿐더러 언제 자신이 공격당할지 모르기 때문이다. 하지만 자신을 낮추고 겸손한 사람에게는 허물없이 쉽게 다가온다. 그리하여 친밀한 관계, 우호적인 관계가 지속될 수 있고 사람들의 마음속에 소중한 존재로 남게 된다. 원래 귀함은 천함을 뿌리로 삼고 높음은 낮음을 터로 삼는다. 따라서 진정 높아지기를 원한다면 낮은 곳에 처하는 생활을 습관화해 두는 편이 낫다. 그래서 노자는 해놓고서도 자랑하지 않고 공을 이루면서도 자처하지 않음을 성인의 자세라고 높이 평가한다.

셋째, 이분법을 초월하여 포용하는 자세를 키워라. 얼핏 모순, 대립되는 듯 보이는 세상사도 찬찬히 따지고 보면 상호 의존해 있거나 연계되어 있는 경우가 많다. 따라서 한편에 서서 다른 편을 배척하고 거부하는 태도는 사회생활에 도움이 되지 않는다. 앞서가는 것이 있고 뒤따르는 것이 있으며, 들이마시는 것이 있고 내뿜는 것이 있으며, 강한 것이 있고 약한 것이 있기 마련이다(29장). 사회생활도 마찬가지다. 나를 좋아하는 사람이 있으면 싫어하는 사람도 있고, 내 의견에 찬동하는 사람이 있는가 하면 반대하는 사람도 있고, 나와 이상이 맞는 사람도 있고 그렇지 않은 사람도 있다. 때로는 이런 사람들로 인하여 내가 더 다듬어지기도 한다. 그러므로 나를 반대하고 대립하는 사람 또는 나와 다른 사람들의 다양한 생각, 의견, 느낌, 이상 등이 틀렸다고 발을 구를 필요가 없다. 다른 것들이 그렇게 함께 섞여 있는 모습이 자연스러운 세상이기 때문이다. 그러니 한쪽만이 옳다고 우기고 고집하는 자세가 얼마나 어리석은가? 하물며 시간이 지나면 내가 바뀌어 그렇게 반대하던 다른 사람들과 같아질지 또 누가 아는가? 이 세상은 나 그리고 나와 다른 사람들을 포함하여 큰 전체를 이루고 있다. 그러므로 나와 생각, 의견, 행동, 느낌이 다른 사람들을 포용할 줄 아는 열린 시각을 가지고 살아갈 일이다.

넷째, 소박하게 살아라. 질박하고 검소하고 소박하게 사는 것 역시 노자가 적극 추천하는 생활 방식이다. 질박한 삶은 꾸미거나 더하지 않아 특별히 돌아볼 이유가 없는 소박한 모습을 말한다. 사람이 세상을 살아나가려면 기본 욕구를 충족시키기 위하여 꼭 필요한 생필품이 있다. 이 생필품을 통해서 생존의 기본 조건을 충족시키면 그것으로 족하다. 여기에 더하여 시각 · 촉각 · 청각 · 미각 · 후각 등 감각을 만족시키려 하고 쾌락과 향락을 추구하기 시작하면 삶은 시끄럽고 요란해진다(12장). 현대인의 삶이 이렇게 복잡하게 된 데는 사람의 욕망을 부추기고 또 이를 최대한 만족시켜야 한다는 시대적 관념이 큰 역할을 하고 있다. 하지만 욕망의 최대 충족을 지향하는 현대인의 삶은 항상 충족되지 않은 또 다른 욕망을 향해 쉬지 않고 내달리는 악순환을 반복하고 있다. 이 고리를 끊는 유일한 방법은 검소하고 질박한 삶을 회복하는 것이다. 노자가 제시한 완전한 질박함으로 돌아가기가 어렵다면 가능한 범위 안에서 소박하고 검소하게 자신의 주변 생활을 관리함으로써 고요하고 조용한 삶을 살아가면 된다. 이것이 노자가 추천한 이름 없는 질박함으로 돌아가 평화롭게 사는 모습이다(37장).

다섯째, 세상에 나서지 말라. 삶을 조용하고 고요하게 가꾸어 나가려면 복잡한 세상사에서 약간 비켜 서는 것도 한 방법이다. 노자는 우리 몸을 세상의 바깥, 명리의 바깥, 시비의 바깥, 이익의 바깥에 두라고 한다. 즉, 세상살이에 초연하게 벗어나 있으라고 한다(7장). 그러면 허물이 없고 몸이 안전할 것이라는 가르침이다(이경숙, 2000). 사실 사람들의 삶이 복잡해지는 큰 이유는 세상의 소용돌이 한가운데를 살아가기 때문이다. 현대인이라 하더라도 숲속으로 들어가 도를 닦는 스님 또는 도인들의 삶은 그리 복잡하지 않다. 관여하고 참견해야 할 일이 그리 많지 않기 때문이다. 그렇다면 우리 모두 도를 닦으러 숲속으로 들어가야 할까? 그러면 좋겠지만, 이는 현실적으로 어려운 일이다. 다만 세상을 살아가면서 마치 도를 닦는 사람들처럼 세상일과 다소간 거리를 유지할 필요가 있다. 자신의 주변을 정리하여 자신이 꼭 관여하지 않아도 되는 일에서는 발을 빼두는 편이 좋다. 특히 사람들의 시선이 많이 몰리는 곳, 서로의 이익이 충돌하여 갈등이 생길 소지가 많은 곳이라면 피하는 것이 바람직하다. 하물며 앞장서서 일을 꾸미고 추진하는 행동에 대해서는 더 말할 필요도 없다. 노자가 늘 지니고 지킨다는 세 가지 보배 중 하나가 천하게 감히 앞서지 않는 것이다(67장). 작은 이익을 추구하다가 평화로운 삶을 잃어버리기 싫다면 꼭 들어야 할 충고다.

여섯째, 다투지 말라. 만일 노자에게 세상을 잘 사는 비결 한 가지만 알려달라고 부탁하면 '다투지 말라'라고 답할 가능성이 높다. 그만큼 노자는 사회생활에서 싸움과 다툼을 깊이 경계하고 있다(3장, 8장, 22장). 사람의 안전을 위협하는 가장 큰 요소가 다름 아닌 다툼에 있다. 일단 다른 사람과 다툼이 생기게 되면, 몸과 마음이 긴장하게 되고 이로 인해 스트레스를 받게 된다. 그뿐 아니라 다툼에는 항상 상대가 있는데, 이 상대의 반응에 따라 자신의 대응책을 마련해야 하기 때문에 늘 불안하게 상대를 주시하고 있어야 한다. 통제와 예측이 불가능한 다른 사람의 움직임에 신경을 곤두세우는 것만큼 사람을 피곤하게 하는 것도 없다. 그러므로 아예 다른 사람과 다툼을 멀리하는 생활이 가장 속이 편하다.

사람들과 다툼을 벌이지 않기 위해서 나와 다른 사람들을 비교하고 경쟁하는 일을 삼가는 것이 좋다. 나보다 유능하거나 잘난 사람이 있으면 그대로 인정해 주면 된다. 굳이 그들보다 나아지려고 자신을 채찍질할 필요도 없고, 또 그들을 끌어내리기 위해 편법을 동원할 필요도 없다. 혹 나보다 못한 사람이 있으면 도와줄 방법을 찾으면 된다. 잘났다고 괜히 우쭐대고 거드럭거리면 갈등이 깊어지고 다툼이 생기게 된다. 그러므로 쓸데없이 자신을 다른 사람과 비교하거나 경쟁하지 말고 편안하게 있는 모습 그대로 살도록 하라. 이것이 피곤하지 않게 인생을 즐기며 사는 현명한 비결이다.

일곱째, 성공하려고 하지 말라. "지나친 성공은 이롭지 않네. 그러니 옥같이 빛나지 말고 돌같이 평범하여라(39장)." 노자는 여기서 아예 성공하지 말라고 주문하고 있다. 현대인의 염원과 정반대되는 주문을 한 것이다. 그러면 왜 노자는 성공하지 말라고 하였을까? 일단 사회적인 성공을 하려면 남과 다른 삶을 살아야 한다. 남보다 더 노력하고 남보다 더 모질게 살아야 한다. 거기다가 성공하는 과정에는 여러 가지 반칙이 작용해서 주위 사람을 아프게 했을 가능성이 크다. 성공을 해도 문제다. 우선 많은 사람들이 그 주변에 꼬이게 된다. 이 사람들은 여러 부류로 나누어질 수 있겠지만, 어쨌든 이들로 인해 성공한 사람의 삶은 고달프고 복잡하게 얽힌다. 따라서 노자가 이상적으로 생각하는 삶, 즉 유유자적하게 즐기는 삶을 살려면 차라리 성공하지 않는 편이 낫다.

노자의 이런 주문은 성공지상주의에 물들어 있는 현대인에게 경종을 울리고 있다. 우리가 성공하려는 이유는 무엇인가? 두말 할 것 없이 행복하게 살기 위함이다. 하지만 세상에서의 성공은 우리의 삶을 행복하게 하기는커녕 오히려 불행으로 몰아가는 경우가 많다. 노자의 이런 예언을 우리는 황우석 박사를 통해서 똑똑히 지켜보았다. 그러므로 삶의 목적을 성공에 두지 말고 행복에 두는 편이 낫다. 비록 평범하지만 행복한 삶이 성공해도 불행한 삶보다 훨씬 더 낫지 않겠는가?

여덟째, 일에 빠지지 말라. 일 중독에 빠져 있는 현대인은 아무것도 하지 말라는 노자의 무위 사상을 곱씹어 볼 필요가 있다. 일은 삶을 풍요롭게 가꾸기 위한 수단이요 도구다. 일을 통해 생계비를 벌기도 하고, 또 일을 통해 삶의 의미를 만끽하고 자아를 실현할 수도 있기 때문이다. 하지만 일에 빠져버리면 더 이상 일은 원래의 역할을 수행하지 못하고, 오히려 사람의 자유를 억압하는 굴레로 작용한다. 일을 하지 않으면 왠지 불안하고 일터에서 벗어나 있으면 무언가 잘못을 저지르는 듯한 느낌에 사로잡힌다면 이미 문제가 심각한 상태다. 하지만 안타깝게도 현대인의 상당수는 일 중독에 빠져 있다. 설사 일 중독에 빠지지 않았다 하더라도 현대를 사는 많은 사람들은 일 없이 사는 자신을 상상도 하지 못한다. 그들에게 일은 곧 삶이기 때문이다. 그런데 노자는 우리에게 아무것도 하지 말라고 말한다. "진실로 덕이 있는 사람은 아무것도 하지 않으며 아무 할 일도 없지만, 어리석은 사람은 늘 하면서도 해야 할 일이 남아 있다네(38장)." 어리석은 사람은 늘 분주하게 무엇인가를 하면서 쉴 줄 모르고 사는데, 덕이 있는 사람은 일에 시달리지 않으면서 편안하게 산다고 한다.

노자의 말에 따라 아무것도 하지 않는다면 오늘을 제대로 살아갈 사람은 없을 것이다. 다만 일을 할 때 왜 그 일을 하는지, 분주하게 움직일 때 왜 그렇게 분주하게 움직여야 하는지 따져 볼 필요는 있다. 우리는 행복하기 위해 일을 한다. 일은 우리를 행복하게 해 주는 수단이어야 한다. 그러나 만일 일이 우리 삶을 온통 차지하고 있다면 무언가 잘못된 것이다. 그러니까 목적과 수단이 바뀌지 않도록, 다시 말해 일이 행복에 우선하지 않도록 잘 살펴야 한다. 특히 현대인은 삶을 일에 빼앗기지 않도록 조심할 필요가 있다.

2) 대인 관계의 원리

노자가 제시한 사회생활의 원리 중 특히 다른 사람을 대할 때 갖추어야 할 마음 자세를 대인 관계의 원리라는 이름으로 살펴보도록 하자.

첫째, 열린 마음을 가져라. "성인은 마음에 고정된 바가 없으며(無常心), 백성들의 마음으로써 자기 마음을 삼는다. 나에게 선하게 하는 사람에게 나는 선하게 대하며, 나에게 불선한 사람에게도 나는 마찬가지로 선하게 대한다. 덕은 선이기 때문이다(49장)." "여기서 무상심은 요즘 흔히 하는 말로 '열린 마음'이다. 열린 마음이란 자신 속에 고정된 철학, 확립된 가치관을 가지고 그것을 남에게 강요하지 않는 마음이다. 어떤 상대의 어떤 생각, 어떤 철학, 어떤 사상, 어떤 가치관도 수용하고 받아들여 줄 수 있는 마음이다. 그래서 백성의 마음이 곧 성인의 마음이 되는 것이다. 여기서 백성의 마음이란 고정불변한 것이 아니다. 민심이란 조변

석개하는 것이고 종잡을 수 없이 변덕이 심한 것이며, 십인십색 사람마다 다른 것이 바로 백성의 마음이다. 그러나 성인은 누구의 어떤 마음도 그것을 자기의 것으로 하는 사람이다. 즉 맞추어 주는 사람인 것이다(이경숙, 2004, p. 130)."

성인의 이 마음을 자신의 마음으로 삼으면 세상에 충돌할 일이 없어진다. 아예 고정된 마음을 갖지 않고 만나는 상대방의 마음에 맞추어 그것을 자신의 마음으로 삼는다면 두 마음 사이에는 틈이 생길 여지가 없다. 이렇게 하면 사람들 사이에서 깊은 이해, 공감적 이해는 저절로 일어난다. 사실 이런 마음은 상담자들이 갖기를 원하는 이상적인 마음이다. 대면하는 상대와 완전히 동일한 마음을 가질 수 있다면 두 사람 사이에 신속한 라포가 형성될 수 있다. 그런데 이렇게 하려면 자신을 고집하지 않고 철저하게 비울 수 있어야 한다. 달리 말해 자아가 없어야 한다는 말이다. 이런 점에서 노자의 무상심은 로저스의 공감적 이해보다 훨씬 더 깊은 하나됨을 말하고 있는 듯하다.

혹자는 앞에 '맞추어 주는 사람'이라는 말을 잘못 받아들여 주체성 없이 누구에게든 부화뇌동하는 것으로 오해할 수 있는데, 사실 성인은 세상에서 가장 튼튼한 고정된 마음(常心)의 소유자다. 성인은 어떤 경우에도 흔들리지 않고 깨지지 않는 마음을 가지고 있다. 그것이 바로 덕이다. 이 덕이 고정된 것이 아니기 때문에 '무상심'이지만 덕이 흔들리지 않는다는 점에서는 강철같은 '상심'이다(이경숙, 2004).

보통사람이 성인처럼 완전히 자신을 초월하여 상대와 일치하는 마음을 가지기는 어렵다. 다만 자신을 고집하지 않고 열린 마음으로 상대를 대하려고 노력하다 보면 갈등과 충돌이 줄어들고 사람 대하기가 그만큼 수월하다는 사실을 경험할 수 있다.

둘째, 상대방에게서 배울 점을 찾아라. 세상에서 우리가 만나는 사람의 종류는 참 다양하다. 마음에 드는 사람 싫은 사람, 지식이 많은 사람 적은 사람, 성격이 좋은 사람 나쁜 사람 등 여러 질의 사람들이 있다. 그런데 사람을 이리저리 가르는 나의 판단 기준은 결코 절대적이지 않다. 설사 사람을 어떤 기준에 의해 가른 다 할지라도 그 기준에 미치지 못한다고 해서 나에게 가치가 없는 것도 아니다. 내가 싫어하는 사람은 내가 싫어한다는 바로 그 이유 때문에 나에게 무언가 배울 점을 제공한다. "고로, 선인은 불선인의 스승이 되고 불선인은 선인의 자원이 되니, 스승이 될 사람을 귀하 게 여기지 않고 가르칠 자원을 사랑하지 않으면, 비록 안다 해도 크게 미혹할 것이니, 이를 일컬어 구함에 있 어서의 묘라 한다(27장)." 그러니까 선한 사람은 바로 그 선함 때문에 나의 스승이 될 수 있고, 선하지 못한 사람은 그 선하지 못함 때문에 나에게 가르침을 주는 자원이 된다. 반면 교사도 나에게 가르침을 준다는 점 에서 교사이기는 마찬가지다. 따라서 선한 사람은 물 론이요 나에게 악을 행하는 사람도 가르침의 자원으로 서 중요하다. 결국 내가 만나는 모든 사람들은 무엇인 가 나에게 가르침을 줄 수 있는 배움의 자원이다. 그러 므로 사람들을 대할 때 항상 배우려는 겸손한 자세를 갖는 것이 좋다. 상대방의 장점은 장점대로, 단점은 단

절대로 나에게 시사해 주는 바가 있기 때문이다. 사람을 만날 때 허위와 가식이 아니라 진정어린 마음으로 스승 대하듯, 귀인 대하듯 존중하고 받들어야 할 이유가 여기에 있다.

셋째, 말을 줄이고 많이 들어라. 말은 기본적으로 자신을 드러내기 위해 사용하는 의사소통의 도구다. 의사를 교환하며 사는 사회생활에서 말의 중요성은 언급할 필요도 없다. 문제는 쓸데없는 말, 가식적인 말, 상대에게 상처를 주는 말에서 생긴다. 말로 인한 오해가 발생하지 않도록 하는 가장 좋은 방법은 말을 줄이는 것이다. 자신의 말에 진정성을 담되, 꼭 필요한 말만 하는 것이다. 이렇게 하면 말로 인해서 쓸데없는 말썽이 일어날 가능성이 대폭 줄어든다.

현대인은 자신을 포장하기 위하여 참 많은 말을 한다. 자신을 막힘없이 유창하게 드러낼 줄 아는 능력은 출세하는 데 중요한 요인으로 꼽힌다. 현실이 이렇기 때문에 사람들은 말에 많은 신경을 쓴다. 혼자 연습하는 것도 모자라서 자기표현법, 대화법, 웅변법을 가르치는 학원에 등록해 다니는 사람들도 많다. 말에 이렇게 관심을 갖는 것이 나쁘다고는 할 수 없다. 다만 말이 가지고 있는 원래의 한계를 이해하는 사람은 유창하게 말하는 방법보다 말을 줄이되, 꼭 필요한 말을 하는 방법을 선택할 것이다. 말에 대한 노자의 처방은 바로 여기에서 나온다. 사람의 말은 많을수록 자주 막히는 바이니, 그 말을 가슴 속에 담아 둠만 못하다(5장). 그러니 정 필요해서 말을 할 때는 믿을 만한 말만 하도록 하라(8장). 그러면 허물을 남기지 않을 것이다(27장).

사람들과 만나서 대화를 할 때에는 말을 하는 것보다 상대방의 말을 듣는 데 치중하는 편이 낫다. 대화는 서로 의사를 소통하는 방법인데, 자기 주장만 떠들다 보면 도대체 상대방 마음에 무엇이 들어 있고 어떤 생각을 하고 있는지 알 도리가 없다. 그러니 상대방이 말할 때 마음을 고요하게 가라앉히고 잘 들어 이해한 후 적절한 말을 골라 대응하도록 한다. 바쁘게 살면서 말을 많이 하는 현대인들은 오히려 자신이 외롭고 고독

하다는 느낌에 시달릴 때가 많다. 서로가 자기 말을 하기 바빠서 남의 말을 찬찬히 들어주지 않기 때문이다. 이런 상황에서 남의 말을 잘 들어주고 필요할 때 적절한 말로 대응해 준다면 사람들에게 깊은 인상을 남길 것이다.

3) 행동 원리

도덕경에는 일을 처리하는 방법과 행동가짐에 대한 언급도 들어 있다. 도덕 원리에 비추어보면 무위가 가장 높은 행동 원칙이지만, 이를 실제 행동으로 표현할 때 모종의 특성이 있을 수 있다. 이를 행동 원리라는 이름으로 정리해 보자. 이 행동 원리들은 일종의 행동 지침이라고 말할 수도 있다.

- **행보법**: 행보법은 일상생활에서 가져야 할 몸가짐을 말한다. 첫째, 졸장부처럼 행동하라. "머뭇거리는 모습은 마치 겨울에 내를 건너는 것과 같고, 망설이는 모습은 사방의 이웃을 두려워하는 것과 같

고, 공손하기는 모든 것을 용납하는 것 같고, 흩어지려 하는 것은 곧 녹아없어질 얼음과 같고, 투박하기는 통나무와 같고, 텅 빈 것은 계곡과 같다. 두루 섞인 듯 흐리고 탁하게 보인다(15장)." 노자가 말하는 도인의 몸가짐은 바로 졸장부와 같아 보인다. 도를 잘 닦은 사람은 겨울의 차가운 내를 걸어서 건너려고 할 때 머뭇거리는 것처럼 과단성 없이 우유부단해 보이고, 우물쭈물 망설이는 것이 마치 겁 많은 원숭이가 사방을 경계하여 두리번거리는 그런 모습이며, 아는 척하거나 잘난 체하는 사람과 달리 자기 주장을 내세우거나 고집하지 않아 모든 것을 순순히 받아들이는 것처럼 행동하고, 자기를 고집하지 않아 집착하지 않음을 녹아없어질 얼음처럼 하고, 던져놓은 통나무처럼 움직이지 않는 미련함을 보이고, 알지만 앎을 버린 사람이고, 들었지만 비운 사람이고, 가졌지만 쥐고 있지 않은 사람처럼 행동하며, 학문을 공부하고 인격을 수련하고 마음을 갈고 닦아 청정하고 고고한 인간이 아니라 이것저것 마구 뒤섞여 흐리고 탁한 사람(이경숙, 2004)이 도를 닦은 사람이라고 한다.

이처럼 도가 깊은 사람의 겉모습과 행동은 마치 졸장부와 같아서 무척 소심해 보이고 보기에 별로 좋지 않다. 바로 여기에 노자가 추천하는 처세법이 담겨 있다. 탁하고 미련하고 어리석어 보이는 사람, 그래서 자기 앞감당도 힘들어 보이고, 있으나 없으나 다른 이에게 방해가 되지 않는 사람에게 세상은 쉽사리 시비를 걸어오지 않을 것이다. 험한 세상 한가운데를 지나가면서도 고요하게 지낼 수 있는 실천적 비결인 셈이다. 그런데 노자가 묘사한 도인의 행동은 가식적으로 그렇게 꾸며 보이는 행동이 아니라 도인의 경지에 도달한 사람이 자연스럽게 내놓게 되는 행동을 말한다. 도인이 깨달은 도는 세상의 가치 기준에 비추면 무언가 딱 부러지는 대답이 나오지 않는 흐리멍텅한 어떤 것일 터이고, 그러니 매사에 머뭇거리고 조심하고 자신을 낮추는 행동을 할 수밖에 없다고 말하는 것 같다.

현대인이 노자가 기술한 도인처럼 살기는 쉽지 않다. 잘난 모습을 온세상에 드러내고 매사에 빈틈없이 떳떳하고 당당한 자세로 행세하기를 요구하는 세상에서 졸장부처럼 처신하기란 어려운 일이다. 하지만 세상 사는 가치관을 전환하여 '마음 편히 오래 사는 삶'을 지향한다면 이렇게 행보하는 것이 꼭 어렵다고만 할 수 없다. 마음 편한 삶은 남의 시선을 의식하는 삶과 아주 다르기 때문이다. 더욱이 노자의 주문을 일부러 자신을 낮추고 억지로 꾸며서 행동하는 것이 아니라, 있는 그대로 자신의 상태를 행동으로 표현하라는 뜻으로 해석하면 그리 어려울 것도 없다. 아니 오히려 노자의 이런 주문은 마음을 한결 편안하고 자유롭게 한다. 특히 힘들고 지칠 때 이를 숨기기 위해 억지 행동을 하는 대신, 못난 모습 그대로 보여 줘도 괜찮다는 생각은 세상살이에 도움이 될 것이다.

둘째, 무겁고 고요하게 행동하라. 앞에서 졸장부

와 같은 행동이 결코 가볍고 경망스럽게 움직이는 것이 아님을 주목할 필요가 있다. 오히려 이 졸장부는 조심 또 조심하는 행동을 보이며 답답할 정도로 반응을 아주 더디게 하고 있다. 여기서 무겁게 그리고 고요하게 행동하라는 두 번째 행동 원리가 나온다. "무거움은 가벼움의 뿌리요, 안정된 것은 조급한 것의 주인…중략…가볍게 움직이면 그 뿌리를 잃고, 조급히 굴면 그 주인됨을 잃어버리니(26장)." 따라서 가능하면 천천히 그리고 신중하게 반응하는 습관을 들이는 것이 좋다. 세상사에는 항상 적당한 타이밍이 있다. 이 타이밍에 맞춰 행동하면 실수할 확률은 그만큼 줄어든다. 그런데 충분히 기다리면서 이 타이밍을 기다리지 못하고 성급하게 대들다가 낭패를 당하는 경우가 많다. 반응이 너무 느려 타이밍을 놓치는 것도 문제지만 너무 빠른 반응도 문제다. 그리고 일단 행동으로 옮기기 전에 충분히 숙고하고 또 숙고할 필요가 있다. 쉽게 결정하고 행동으로 옮겨 수많은 시행착오를 거치지 말고, 충분히 살피고 돌아본 후 결정하고 행동하는 습관을 들이는 것이 좋다.

· **일처리 방식**: 도덕경은 닥친 일을 처리할 때 참고할 만한 방법에 대해서도 언급하고 있다. 첫째, 일을 줄이고 덜라. "무위로써 행하고, 무사로써 일하며, 무미로 맛을 삼고, 큰 것을 작게 하고, 많은 것을 적게 하며…(63장)." 이 구절은 무위를 행하는 것이 구체적으로 어떻게 하는 것인가를 보여 준다. 그러니까 가능한 한 아무것도 하지 않도록 하되, 무엇인가를 할 때에도 일을 꾸미거나 쾌락을 추구하지 말고, 또 작게 적게 하라고 한다. 될 수 있으면 일의 양을 줄이고 덜어서 일로부터 해방되라고 권하고 있다. 어쩔 수 없이 일을 하는 경우에도 가능하면 작은 부분을 담당하여 적게 일하라고 한다. 이렇게 하면 일에 빠져 자기 생활을 잊어버리는 일이 없을 것이다.

현대인이 일을 하지 않고 산다는 것은 불가능하다. 기본적인 호구지책을 마련하기 위해서라도 어느 정도의 일은 꼭 필요하다. 단 마음 편히 행복하게 살려면 일의 규모와 일에 대한 책임을 자신이 관리하기 충분한 정도로 줄여 나가는 것이 바람직하다.

둘째, 초기에 개입하라. "…어려운 일은 쉬울 때 해결하고, 큰 일은 작을 때 처리한다(63장)." "안정된 것은 쉽게 유지되고 근심은 드러나기 전이라야 하기가 쉽네. 약한 것은 쉽게 깨지고 작은 것은 쉽게 흩어지네. 모습이 나타나기 전에 하고 어려워지기 전에 다스려라(64장)." 더 이상 설명이 필요 없을 정도로 분명하게 초기 개입의 중요성을 말하고 있다. 특히 문제가 발생하는 경우 작은 힘을 들여 큰 효과를 얻으려면 사태가 발생하는 초기에 개입하는 것이 중요함을 지적하고 있다. 호미로 막을 일을 가래로 막지 않는 비결은 발 빠르게 대응하는 데 있다. 마음에 일어나는 일도 마찬가지다. 근심거리가 있으면 지체하지 않고 해결하고, 치솟는 욕구가 있으면 기다리지 말고 그때그때 해

소한다. 이렇게 하면 별일 하지 않으면서도 큰 탈 없이 세상을 살아갈 수 있다. 남이 보기에는 항상 아무 일도 하지 않는 것 같지만, 이는 실제로는 자신을 살피고 미리미리 대비하고 있기 때문이다.

셋째, 일관되게 꾸준히 하라. 도덕경은 또 처음에 시작한 마음을 가지고 꾸준하게 일하는 것을 높이 평가하고 있다. "…아름드리 나무도 어린 가지에서 생겨났고, 아홉 층 높은 누각도 한 줌 흙에서 시작되었네. 천리 길도 한 걸음부터 시작하는 것…사람들은 언제나 거의 이루어 놓고도 실패하지. 마지막도 처음처럼 신중해야 실패하지 않는 법…(64장)." 모든 일에는 처음이 있다. 이 처음이 쌓이고 쌓여서 무언가 큰일을 이루어놓는다. 이 과정에서 중요한 것이 초심, 즉 처음 일에 임할 때 먹은 마음이다. 초심을 잃지 않고 일관되게 일을 하다보면 어느새 그 뜻을 이루게 된다. 무위를 주장하는 노자가 큰 일 이루는 방법론을 언급한 것이 다소 어색하기는 하지만, '큰 목표를 향하여 끝까지 흐트러지지 말고 처음처럼 신중하게 일하라.'는 충고는 현대인도 수용할 만한 일에 임하는 자세다.

넷째, 극으로 치우치지 말라. 일을 처리할 때 심하게 고집하여 한쪽 극으로 치우치지 않는 것도 중요하다. 상반·대립의 원리에서 말했듯이, 세상사는 서로 대립하고 반대되는 상태를 지향하고 있다. 시계추가 한쪽 방향 끝에 도달하면 방향을 바꾸어 반대 방향으로 향하는 것처럼, 인간사 모든 것이 한쪽 극에 달하면 다른 극을 향하여 움직인다(物極必反의 원리). 따라서 매사를 심하게 한쪽 끝으로 치우치지 않도록 할 필요가 있다. "그러므로 세상만물은 앞서 가기도 하고 뒤를 따라가기도 하며, 혹은 약하게 불기도 하고 세게 불기도 하며, 강하기도 하고 약하기도 하며, 꺾이기도 하고 무너지기도 한다. 그러므로 성인은 심한 것을 버리고, 거만함을 버리고, 교만함을 버린다(29장)." 그런가 하면 '내쉬면 들이쉬게 되고, 강해지면 필히

약해지고, 반듯하게 일어서면 반드시 못 쓰게 되고, 준 것은 반드시 빼앗는다(36장, 이경숙, 2004, pp. 389-390).' 사랑이 심하면 쉽게 미움으로 변하고, 신의가 깊으면 배신의 상처가 더 아프고, 일등의 환희는 머지않아 다른 사람 손에 넘어갈 것이다. 세상 이치가 이러하므로 무리해서 심하게 한쪽으로 치우치지 않는 것이 좋다. 세상사를 그냥 두는 것이 가장 좋지만, 현실적으로 그것이 어렵다면 지나치지 않게 적당한 선에서 개입을 멈추는 편이 낫다는 말이다.

4

도덕경과 현대 상담

앞에서 분석한 대로 도덕경은 세상 살아가는 법에 대하여 간절하게 우리를 가르치는 인생 안내서다. 도와 덕에 관한 복잡한 설명도 결국 어떻게 사는 것이 잘 사는 길인가를 말하기 위하여 펼쳐놓은 배경 지식이다. 도덕경을 통하여 노자는 마치 암탉이 알을 품듯, 아주 정성스럽게 우리가 행복하게 살 길을 알려 주고 있다. 도덕경 구절구절마다 필자는 인류를 대하는 노자의 따뜻한 시선과 배려하는 마음을 느낄 수 있었다. 사람들의 삶에 도움을 주려는 노자의 마음은 현대를 살아가는 상담자의 마음과 별반 다르지 않다. 노자의 이런 마음이 절제된 언어로 표현된 도덕경 속에서 사람들의 삶에 도움을 줄 수 있는 상담 지식을 찾아내는 작업은 진즉에 이루어졌어야 했다. 도덕경을 나름대로 재구성하고 난 지금 필자의 머릿속에는 도덕경의 내용과 상담을 관련짓는 온갖 복잡한 아이디어들이 소용돌이치고 있다. 나름대로 최선을 다해서 이들을 체계화하려고 노력하겠지만, 틀림없이 부족한 부분이 남을 것이다. 이 글을 읽는 독자들이 앞으로 이 부분을 채워가기를 간절한 마음으로 빌어 본다.

1. 상담 목적

상담 목적과 관련하여 도덕경은 분명한 방향을 제시하고 있다. 한마디로 상담은 청담자들을 편안하고 안전하게 살도록 도와주는 활동이어야 한다. 청담자들의 삶에서 가장 중요한 것은 안전하게 생명을 지키며 오래 사는 것이다. 따라서 생명의 안전과 편안함을 지키는 데 깊은 관심을 쏟음과 동시에, 이를 위협하는 상황은 가능한 한 피해야 한다. 이렇게 살도록 하려면 상담자는 청담자들에게 두 가지 사실을 알릴 필요가 있다. 첫째, 다른 무엇보다도 생명과 편안함 유지가 중요하다는 사실, 둘째, 생명과 편안함 유지에 필요한 적절한 방법을 선택해야 한다는 사실이다.

첫 번째 일은 가치관과 관련되어 있다. 가치관이란 쉽게 말해 자신의 삶에서 일어나는 여러 가지 사태의 중요성을 판단하는 기준을 뜻한다. 예를 들어, 일요일 휴식 시간을 등산에 쓰는 사람과 친구 만나는 데 쓰는 사람의 가치관에는 차이가 있다. 전자가 건강 유지라는 가치를 중시한다면, 후자는 친교 관계라는 가치를 중시한다고 말할 수 있다. 가치관 중에서도 다른 모든 판단의 기초가 되는 핵심 가치관은 특히 중요하다. 핵심 가치관은 삶의 방향을 정하고 여타 다른 가치관과 일상활동에 우선순위를 정해 주기 때문이다. 문제는 핵심 가치관의 정체가 무엇인지 분명하게 인식하는 일이다. 핵심 가치관이 분명하면 그만큼 삶에서 갈등과

혼란이 줄어들 가능성이 높다.

도덕경식 상담은 핵심 가치관과 관련하여 분명한 해답을 제시한다. 청담자들이 지녀야 할 핵심 가치관은 '자신의 생명을 소중하게 보존하며 편안하고 즐겁게 살아가는 것'이다. 이 가치관이 분명하게 자리잡았다면 청담자들의 삶은 노자가 도덕경에서 추천한 방식과 유사하게 전개될 것이다. 하지만 현실을 살아가는 청담자들의 모습에서 우리는 다른 모습을 발견한다. 그중 한 부류의 사람들은 도덕경이 제시한 내용과 전혀 다른 핵심 가치관을 가지고 살아간다. 이를테면 '부' '명예' '사랑' '권력' '사회정의' '깨달음' '신비 체험' 등이 그것이다. 도덕경의 입장에서 보자면 이런 가치들은 생명을 보존하고 편안하게 하는 한 방편일 수는 있어도 삶의 목적 전체가 될 수는 없다. 결국 이들의 가치는 생명을 보존하고 편안한 삶을 사는 데 도움이 되는 만큼만 중요할 따름이다. 그런데 명예를 획득하기 위하여 고통스러운 세월을 살아야 한다거나, 신비 체험을 얻기 위하여 생명을 버려야 한다면 앞뒤가 뒤바뀌는 셈이다. 안타까운 것은 우리 주변의 많은 사람들이 이처럼 앞뒤가 뒤바뀐 삶을 살아가고 있다는 사실이다. 부, 명예, 권력을 추구하다가 오래 살지 못하고 일찍 세상을 떠나는 사람, 깨달음과 신비 체험을 하기 위하여 생명이 위험한 짓을 마다하지 않는 사람들을 곳곳에서 찾을 수 있다. 만일 청담자가 수단이 되어야 할 가치관을 핵심 가치로 삼고 있다면 상담자는 이를 바꾸도록 도움을 주어야 한다. 일상생활에서 벌어지는 모든 활동과 가치들이 결국은 생명을 보전하고 편안함을 누리는 데 있음을 인식시켜야 한다(핵심 가치관 전환).

핵심 가치관이 막연하고 불분명한 청담자들도 있다. 뚜렷한 의식 없이 되는 대로 인생을 살아가는 사람들이 여기에 속한다. 때로는 시세의 흐름에 따라서 때로는 다른 사람들의 말에 따라서 때로는 충동적으로 세상을 살아가는 경우다. 이들도 어렴풋이 생명과 편안함의 중요성은 알고 있지만, 여러 가지 가치관이 복잡하게 얽혀 있어서 핵심 가치관이 무엇인지조차 파악하지 못하고 있다. 이들에게는 핵심 가치관을 뚜렷하게 정립하고 다양한 가치들 간에 우선 순위를 정하도록 도와줄 필요가 있다. 다시 말해 생명을 보전하고 편안하게 사는 것을 핵심 가치관으로 삼고, 이를 중심으로 삶에서 경험하는 다양한 사태들의 경중을 평가할 수 있는 역량을 키우도록 도와야 한다(핵심 가치관 정립).

한편, 생명을 보전하고 편안함을 유지하는 삶은 저절로 이루어지지 않는다. 청담자가 생명과 편안함 유지를 핵심 가치관으로 삼았다고 하더라도 삶의 현장에서 이를 실현할 수 있는 구체적인 방법을 모르면 그 실효성이 떨어진다. 따라서 생명을 안전하게 보호하는 방법, 편안하게 사는 방법을 청담자에게 체득시킬 필요가 있다. 도덕경은 바로 이 방법을 풍부하게 제공하고 있다. 앞에서 필자는 도덕경에 제시된 삶의 원리를 정리한 바 있다. 삶의 목적, 자기 관리, 사회생활의 원리 등 세 부분으로 나누어 논의한 내용들은 한결같이 편안하게 오래 사는 데 도움을 줄 수 있는 방법론들이다. 청담자가 이 방법들에 익숙해진다면 그만큼 청담자의 삶은 행복하고 안전해질 것이다. 따라서 상담자는 다양한 경로를 통해 청담자에게 이 방법들을 익히도록 도움을 주어야 한다. 도덕경식 상담은 상당 부분이 과정에 초점을 맞추게 될 것이다.

여기서 한 가지 짚고 넘어갈 문제가 있다. 도덕경에서 추천하고 있는 삶의 원리는 짧게 '낮추고 숨기고 덜어내며 부드럽게 살라.'는 말로 요약할 수 있다. 그런데 현대를 살아가는 청담자가 생명을 길게 이어 가기 위해 도덕경의 주문대로 항상 자신을 낮추고 숨기고 덜어내며 부드럽게 살아갈 수 있을까? 세상을 버리고 숨어사는 사람들이 아니라면 이렇게 사는 삶은 가능하지도 바람직하지도 않다. 그러면 어떻게 하라는 말인가? 그런 정신을 가지고 살면 된다. '낮추고 숨기고 덜어내며 부드럽게 사는 삶'이 바람직하다는 의식을 품고 살아가라는 말이다. 사회생활을 하다보면 사람은 어쩔 수 없이 이런저런 일에 끌려들어가게 되고 다른 사람과 충돌과 갈등을 빚는 사태를 만난다. 이럴 때 항상 앞서고 이기려고 하면 사는 게 고달파진다. 상황에 따라서 강한 자기주장을 하고 남을 억누를 때도 있겠지만, 그것이 정상이 아니라는 의식을 품고 생활하면 차츰 자신이 달라짐을 발견할 수 있다. 이렇게 하다보면 자기주장을 할 때도 극단으로 치닫지 않고 다른 사람과 다툴 때에도 적절한 수준에서 멈출 수 있게 된다. 이 정도만 되도 남보다 편안하게 살 수 있는 조건은 갖춘 셈이다.

살다보면 때로는 본인의 원함과 상관없이 자신을 낮추고 숨기고 덜어내고 부드럽게 행동해야 할 상황도 있다. 보통 이런 상황에 처하면 마지못해 억지로 행동하게 되는데, 그 결과 원치 않는 부작용이 생기기도 한다. 그런데 이런 상황에서 도덕경이 추천한 대로 진심을 다하여 자신을 낮추고 숨기고 덜어 내고 부드럽게 행동하는 습관을 들이면 예상 밖의 결과를 얻을 수도 있다. '피할 수 없으면 즐기라.' 는 속담처럼, 어차피 자신을 낮추어야 할 상황이라면 어정쩡하게 행동하는 대신 철저하게 자신을 낮추는 것도 좋은 방법이다. 이런 식으로 생활하다보면 서서히 도덕경의 깊은 뜻을 이해하면서 도덕경이 추천하는 생활 방식을 몸에 익힐 수 있다.

혹자는 도덕경이 추천하는 핵심 가치관은 패배자의 가치관이므로 생각해 볼 가치조차 없다고 말한다. 성공 신화에 맹목적으로 목숨을 걸고 사는 현대인들에게 '성공하지 말라.' '자신을 낮추고 숨기고 덜어내며 살라.'고 가르치는 도덕경이 귀에 들어올 리가 없다. 인생의 가치를 세속적인 성공–실패라는 기준에 따라 나누는 한 정말 그렇다. 더구나 도덕경의 가르침에 따르는 사람들이 실제 세속적인 기준에 비추어 성공과 거리가 먼 사람들이라고 여겨진다면 더 말할 나위도 없다. 하지만 우리의 삶을 평가하는 기준은 세속적인 성공–실패 한 가지가 아니다. 그리고 우리가 그렇게 성공에 목을 걸고 산다고 할 때 성공함으로써 얻으려는 결과를 따져 볼 필요가 있다. 사회적으로 성공한 사람인데, 전혀 행복하지 않다든가 성공의 대가로 건강을 잃고 목숨이 위태로운 지경에 처한다면, 성공의 참된 목적을 달성한다고 말할 수 있을까? 사실 도덕경이 반대하는 것은 '성공'이 아니다. 도덕경은 '성공'에 앞서 생명의 안전함과 편안한 삶의 보장이 선행되어야 한다고 주장할 따름이다. 생명과 편안함 유지가 보장된다면 굳이 사회적, 세속적 성공을 마다할 이유가 없다. 다만 '성공'을 추구하는 삶이 생명과 편안함 유지를 어렵게 하는 사태를 많이 발생시키기 때문에 이를 경계하자는 것이다. 생명을 보전하고 편안함을 유지하며 사는 길은 아주 다양하다. '성공'은 그중 하나의 방편에 불과하다. 그런데 자칫 방편에 불과한 성공 때문에 단 하나밖에 없는 생명을 잃는다거나, 살면서 맛볼 수 있는 다채로운 행복을 송두리째 빼앗겨버린다면 너무나 안타까운 일이다. 도덕경은 바로 이 점을 정확하게 지적하고 있다.

2. 상담 방법

상담 목적에서 밝힌 대로 도덕경식 상담은 청담자의 핵심 가치관을 전환하거나 새롭게 정립하고, 아울러 그 핵심 가치관에 어울리게 생활하는 방법 안내에 초점을 둔다. 그러면 이 상담 목적을 달성하기 위하여 어떤 방법을 동원할 수 있을까? 도덕경에 보이는 몇 가지 단서를 중심으로 그 방법을 찾아보자.

우선, 도덕경은 세상 이치를 논리적으로 잘 따지게 한다. 도덕경은 따지고 생각하지 말라고 충고하고 있다. 하지만 더 이상 따지고 생각할 것이 없는 단계에 도달하기 이전에 먼저 철저하게 따지고 생각하는 과정이 선행되어야 한다. 그래야 마음에 남는 미련 없이 핵심 가치관에 전념하며 사는 일이 가능하다. 그리고 보면 도덕경 역시 왜 따지고 생각할 필요가 없는지 그 이유를 설명하는 해설서라고 말할 수도 있다.

도덕경에는 세상이 돌아가는 이치를 설명하는 다양한 논리들이 들어 있다. 이 논리들을 따라가다보면 자연히 도덕경이 추천하는 방식대로 사는 편이 낫다는 결론에 도달하게 된다. 상담자가 활용할 만한 도덕경 특유의 논리를 정리해 보자. 현대 상담 용어로 인지 상담이라고 호칭할 수 있는 내용이다.

1) 상대주의 논리

상대주의 논리는 도덕경 곳곳에서 발견된다. 세상만물의 특성은 상대적일 뿐이라는 논리가 그것이다. '있음과 없음은 상대적으로 생겨나고, 어려움과 쉬움은 상대적으로 대비되며, 앞과 뒤는 상대적으로 따르며, 소리와 메아리는 상대적으로 조화를 이룬다.'는 표현은 상대주의 논리를 아주 잘 설명하고 있다. 있음, 어려움, 앞 등의 개념은 없음, 쉬움, 뒤 등 다른 개념들을 바탕으로 성립이 가능한 상대적인 것이다. 이렇듯 세상만물은 항상 상대적이다. 대비되는 상대 없이 절대적으로 항상 그러한 특성은 없다. 있다면 '항상 상대적'이라는 사실뿐이다. 세상 이치가 이렇게 상대적이라면, 이를 일찌감치 인정하고 절대적 관점과 판단을 벗어버리는 편이 현명하다.

청담자가 어떤 대상에게 미움을 느낄 때 이 미운 감정은 상대적인 것이다. 이 미움은 사랑이라는 감정이 있기 때문에 성립하는 것이므로 미운 감정에 대해서만 집착할 필요가 없다. 미움이 없다면 사랑도 없는 것이요, 사랑이 없으면 미움도 없다. 상대를 미워한다는 사실은 상대를 사랑하는 마음을 뒤집어놓은 것에 불과하다. 그러니 정말 상대가 밉다면 미워하는 마음 자체를 버리는 것이 가장 좋은 방법이다. 게다가 이 미운 감정도 상황과 장면에 따라 그 정도가 상대적으로 변한다. 어제 미워함에 비하면 오늘 미워함은 애교에 가까운 것이요, 이 사람을 미워함은 저 사람을 미워함에 비하면 아무것도 아니다. 이렇듯 미워하는 감정이 상대적이고 바뀌는 것이라면 굳이 지금 내가 느끼는 미워하는 감정에 매달려 괴로워할 필요가 없다.

상대주의 논리를 깨닫게 되면 마음이 참 편안해진다. 목숨 걸고 지켜야 할 절대적 가치가 없어지기 때문이다. 상대주의 논리는 우리의 삶이 바로 상대와 함께

하는 관계에 얽혀 있는 삶이라는 사실을 깨닫게 하여
자기중심주의를 벗어나게 하는 데 커다란 도움을 줄
수 있다.

2) 대립 지향의 논리(물극필반의 논리)

세상만물은 상대가 있기 때문에 성립할 뿐 아니라,
또 그 상대되는 특성을 향해 발전하는 경향이 있다. 이
를 대립지향(對立指向) 또는 물극필반(物極必反)의 논리
라고 한다. '화에 복이 기대어 있고, 복에는 화가 숨어
있다. 바름이 다시 그르게 된다. 선함이 다시 악함이
된다.'는 말은 바로 이 대립 지향의 논리를 잘 보여 준
다. 화는 복이 있기 때문에 존재하는데, 결국 화가 깊
으면 복으로 바뀌게 된다. '인생 새옹지마'라는 고사
는 대립 지향의 논리를 잘 보여 준다. 처음에는 화로
여겨지던 것이 곧 복된 것으로 밝혀지고 복이었던 것
이 다시 화를 불러오는 식으로 대립 상태를 지향하는
현상이 고리처럼 이어진다. 그러니 어느 한 시점에 머
물러 웃고 우는 행동은 현명하지 못한 처사다. 사람의

감정도 마찬가지다. 화산처럼 분노가 폭발하는 순간에는 그 분노가 영원히 잦아들 것 같지 않지만, 시간이 조금만 지나면 어느덧 가라앉아 평온한 상태가 오고 그 반대도 마찬가지다. 밤이 깊어지면 새벽이 오고, 흥하면 곧 망할 날이 오고, 영화가 높아지면 추락이 멀지 않다. 이처럼 대립되는 특성의 한쪽은 곧 다른 한쪽으로 전환될 가능성을 항상 품고 있다.

청담자가 어떤 대상에게 사랑을 느낄 때 이 사랑 속에는 이미 미움이 포함되어 있다. 그리하여 사랑이 깊으면 미움도 따라서 깊어지고, 어느덧 사랑은 미움과 자리바꿈을 한다. 미움도 마찬가지다. 누구를 심하게 미워한다는 사실은 이미 그 대상을 마음속 깊이 사랑하고 있음을 뜻한다. 이때 적절한 단서만 제공되면 미움은 곧 사랑으로 탈바꿈한다. 그러니 누구 때문에 사랑스러워서 또는 미워서 죽겠다고 까탈 부릴 일이 아니다. 다만 적절한 수준에 머물러서 자기 감정을 조절하는 데 관심을 쓰면 된다.

대립 지향의 논리를 잘 알면 한쪽 극으로 치우치는

행동을 가능한 한 삼가게 된다. 자신을 관리하거나 타인을 판단하는 데 있어 모두 그렇다. 너무 좋은 것은 곧 아주 나쁜 것으로 뒤바뀌게 될 것임을 아는 까닭이다. 간을 빼 줄 것처럼 친절하던 영업사원이 일단 자기 목적을 달성하고 나면 아주 사무적인 냉정한 모습으로 돌변한다는 사실을 우리는 경험을 통해 잘 알고 있다. 그러므로 한쪽 극에 치우치지 않고 중간 어디쯤에서 멈추는 행동이 가장 무난하다. 이는 자신을 보호하고 마음을 편안하게 관리하는 숨겨진 비결이다. 대립 지향의 논리는 세상에서 일어나는 온갖 일들을 비교적 편하게 수용하고, 또 자기 감정 조절 능력을 대폭 향상시키는 방법으로 매우 유용하다.

3) 역설의 논리

역설의 논리는 직선적 논리가 적용되지 않는 현상을 설명할 때 쓰인다. 직선적 논리대로라면 강한 것은 항상 약한 것을 이겨야 하고 굳센 것은 항상 부드러운 것을 이겨야 한다. 그런데 세상에는 직선적 논리로 설명

되지 않는 현상들이 많다. 두꺼운 외투를 벗게 하는 것은 강한 바람이 아니라 따뜻한 햇볕이고, 얼어붙은 마음을 녹이는 것은 격한 다그침이 아니라 부드러운 한 마디 말이다. 말을 더듬으려고 일부러 애를 쓰면 오히려 더듬기가 어렵고, 불안을 정면으로 마주치려고 하면 그 불안이 사라져버린다. 세상에는 이렇게 역설이라는 말로 표현할 수밖에 없는 많은 현상들이 있다.

역설의 논리 역시 도덕경에서 자주 활용된다. 역설의 논리를 풀어 내기 위해 도덕경은 물을 등장시키고 있다. '천하에 물보다 부드럽고 약한 것은 없지만 굳고 강한 것을 이기는 것 중에 물보다 나은 게 없네. 그것은 어떤 것도 물을 변화시킬 수 없기 때문이지. 약함이 강함을 이기고 부드러움이 굳셈을 이긴다는 이치를 천하의 사람들은 알지도 못하고 실천하지도 못한다.' 가장 약하고 부드럽다고 할 수 있는 물이 굳고 강한 바위를 뚫는다는 사실은 역설의 논리가 통한다는 사실을 웅변적으로 지적하고 있다. 그런데 역설의 논리는 물뿐 아니라 사람살이에도 똑같이 적용된다. 도덕경은 물과 마찬가지로 사람살이에서도 약하고 부드러운 것이 강하고 굳센 것을 이긴다고 단언한다. 그러므로 생명을 보전하면서 승리하며 강하게 살기를 원한다면 거꾸로 약한 것에 처하고 부드러움을 지키는 법을 배우라고 한다. 그러니까 낮은 곳, 천한 곳, 작은 곳, 겸손한 곳, 드러나지 않는 곳, 뭇사람이 싫어하는 곳에 처하여 사는 사람이 결국 세속적으로도 성공한다는 말이다. 낮은 곳에 처하면 높아질 것이요, 천한 곳에 처하면 귀해질 것이요, 작은 곳에 처하면 커질 것이요, 겸손한 곳에 처하면 존중받을 것이요, 드러나지 않는 곳에 처하면 드러날 것이요, 뭇사람이 싫어하는 곳에 처하면 만인이 좋아하는 사람이 될 것이 분명하기 때문이다. 예를 하나 들어 보자. 매일 아침 골목길을 깨끗하게 청소하는 어느 할아버지가 있다고 하자. 사람들은 이런저런 이유로 자신이 기피하는 일을 할아버지가 선뜻 나서서 하고 있다는 사실을 알게 되면, 할아버지를 존경하고 좋아하게 된다. 그러다가 만일 할아버지에게 무슨 일이라도 생기면 특별한 관심을 보일 가능성이 높다. 뭇사람이 싫어하는 일을 할아버지가 자원해 수행한 덕분이다.

역설의 논리를 깨달은 사람은 잘 살기 위하여 남과 다투고 경쟁하는 고달픈 삶을 살려고 애쓰지 않는다. 다만 자신을 낮추고 숨기고 덜어내고 부드럽게 사는 자세를 취하면서 자연스럽게 살려고 할 것이다. 얼핏 보면 어리석은 듯하지만 실은 이렇게 사는 생활이 바로 승리하고 성공하는 삶이라는 점을 잘 아는 까닭이다. 역설의 논리에 따라 사는 사람과 직선 논리에 따라 사는 사람 사이에는 같은 세상을 살지만 전혀 다른 세상에 사는 듯 사는 방식에 커다란 차이가 있다.

상담자는 청담자로 하여금 앞에서 설명한 논리들이 실제 세상사에 작용하고 있음을 인식시키고, 아울러 청담자 스스로 이 논리들에 입각하여 자기 삶의 문제들을 다룰 수 있도록 도와주어야 한다.

둘째, 간접 체험을 할 수 있는 다양한 사례를 접하게 한다. 도덕경에 펼쳐진 지식들은 머릿속 생각보다는 주관적인 경험을 통해서 알아 갈 수 있는 체험 지식에 가깝다. 따라서 단순히 논리적으로 사고하는 훈련보다 사고와 체험을 병행할 수 있는 방법이 보다 효과적이다. 이런 점에서 이미 세상을 살아간, 또는 현재 세상을 살아가는 사람들의 삶은 아주 훌륭한 자료가 될 수 있다. 간접적이라는 한계는 있지만 도덕경의 진리들이 사람들의 삶 속에서 어떻게 실현되는지 판단할 수 있기 때문이다. 예를 들어, '약하고 부드러운 것이 강하고 굳센 것을 이긴다.'는 어구를 제대로 이해하려면 정말 그런 일이 실제 사람들의 세상살이에서 벌어지는지 확인할 필요가 있다. 이를 테면 영화 '효자동 이발사'에서 강함의 표상으로 등장하는 권력자는 젊은 나이에 비참한 최후를 맞는 반면, 약함의 표상으로 등장하는 이발사는 오래 살아남는다. 이 영화를 사례로 삼아 학습을 한다면 앞의 어구의 의미가 훨씬 더 쉽게 가슴에 다가올 것이다.

영화뿐 아니다. 상담자가 활용할 수 있는 '인생 사례'는 곳곳에서 찾을 수 있다. 전기, 역사인물, 이웃사람, 친족, TV 드라마, 뉴스, 소설 등 인생 사례를 발굴

할 자원은 수도 없이 많다. 상담자는 이 자원들 속에서 도덕경의 주장과 어울리는 사례들을 찾아내 정리해놓고 필요할 때 청담자에게 제시하도록 한다. 청담자는 다른 사람의 인생 사례를 통해 자신의 삶을 반성적으로 되돌아봄으로써 자신의 핵심 가치관과 삶의 방식을 점검할 기회를 가질 수 있다.

셋째, 직접 체험을 안내한다. 간접 체험도 좋지만 보다 큰 효과를 낼 수 있는 방법은 직접 체험이다. 자신이 직접 경험을 통해서 얻은 지식은 그야말로 살과 피가 되고 그 효과도 오래 유지된다. 따라서 상담자는 청담자로 하여금 가능하면 직접 경험을 많이 할 수 있도록 안내할 필요가 있다. 예를 들어, 도덕경에 자신을 낮추면 높아진다는 말이 있다. 이 말에 담긴 진리를 전달하는 가장 확실한 방법은 청담자 스스로 경험해 보는 것이다. 이 경험을 위해서 상담자는 먼저 청담자에게 자신을 낮추는 것이 어떻게 하는 것인지 구체적이고 확실하게 인식시킨다. 연후에 청담자의 일상생활을 조사하여 적절한 상황을 선정하고 그 상황에서 청담자

로 하여금 자신을 낮추는 자세를 지속적으로 유지하게
한다. 이렇게 하면서 일정한 시간이 지난 후 어떤 결과
가 나타나는지 청담자 스스로 점검하도록 한다. 청담
자의 직접 체험이 항상 도덕경에서 말하는 결과와 부
합하지 않을 수도 있다. 하지만 무언가 의식을 집중할
주제를 가지고 실제 생활에 몰입하는 과정에서 청담자
가 의도하지 않았던 새로운 사실을 배울 수도 있다.

직접 체험을 안내할 때 상담자는 청담자의 상황과
심리적 상태를 잘 고려해야 한다. 앞의 예에서 만일 청
담자가 현재 너무 낮아진 자존심에 괴로워하는 상태라
면, 자신을 낮춰 보라는 상담자의 지시가 먹혀들어가
기 어렵고 오히려 저항심만 키울 가능성도 있다. 이런
경우에는 다른 전략을 사용해야 한다. 상담은 항상 청
담자의 상태에 맞추어 이루어져야 한다는 점을 잊지
말아야 한다.

넷째, 상담자가 모범을 보인다. 도덕경식 상담을 전
개하려면 상담자가 도덕경의 내용에 정통하고 또 도덕
경식 생활 방식을 모범으로 보일 수 있어야 한다. 도덕

경 상담은 청담자의 핵심 가치관과 삶의 방식에 변화를 주려는 가히 혁명적인 상담이다. 따라서 청담자를 흔들어놓을 수 있는 강력한 방법들이 요청된다. 이 강력한 방법의 하나가 바로 상담자 자신이다. 도덕경식 상담에 임하는 상담자는 단순히 도덕경에 담겨 있는 진리를 소개하는 데서 그치지 않고 자신을 그 진리의 살아 있는 증인이요 모범으로 제공할 수 있어야 한다. 예를 들어, 청담자에게 '사회적 가치에 매달리지 말라.'는 도덕경의 주장을 전달할 때, 실제 상담자가 사회적 가치로부터 자유로운 태도와 언행을 보일 수 있어야 한다. 마찬가지로, '빈 골짜기처럼 모든 것을 받아들이라.'는 주장을 전달하려면 상담자가 아주 넓고 깊게 수용하는 자세를 보일 수 있어야 한다. 이렇게 살아 있는 행동으로 표현되는 모범의 힘에 대해서는 두말할 필요가 없다. 다만 체험 지식을 다루는 도덕경식 상담에서 그 영향력이 훨씬 더 클 것이라 예상할 수 있다.

다섯째, 명상을 통해 마음을 허정하게 유지하는 법

을 안내한다. 도덕경에서 허정(비고 고요함)은 매우 중요한 위치를 차지하고 있다. 마음을 허정하게 유지하는 일은 도덕경에 나타난 자기 관리 방법으로서 행복하게 오래 사는 데 빠질 수 없는 조건이다. 마음을 허정하게 유지하는 데 활용되는 중요한 수단의 하나가 명상이다. 조용하게 움직임을 멈추고 자신의 마음을 주시하는 방법이다. 명상이 깊어지면 여러 가지 효과가 나타난다. 그중 하나가 점차 지각 작용이 줄어드는 현상이다. 분별지로 대표되는 지각 작용이 점차 줄어들면 복잡했던 마음이 가라앉고 세상만물을 평등하게 관조할 수 있는 지혜로운 안목이 흘러나온다. 명상은 자기 욕망의 움직임을 관찰할 수 있게 한다는 점에서도 의미가 있다. 욕망은 사람을 움직이게 하는 기본 동력이지만, 쓸데없이 지나친 욕망은 사람을 들뜨고 지치게 한다. 명상은 자신이 가진 욕망들의 실체가 무엇인지, 또 그들이 어떻게 작용하고 소멸하는지를 살피게 함으로써 결과적으로 이들을 다스릴 수 있는 역량을 키워 준다.

명상을 통해서 마음이 비워지고 여백이 생기면 청담자는 자신의 삶을 하나하나 짚어 가면서 그 의미를 살필 수 있게 된다. 자신이 무엇을 위해서 그렇게 달려왔는지, 그동안 쉬지 않고 죽도록 열심히 살아왔던 삶, 순간순간 최선을 다하며 살아왔던 삶이 정말 가치 있는 삶이었는지 스스로에게 묻기 시작할 것이다.

3. 상담자의 역할

상담 방법을 논하면서 이미 상담자가 행해야 할 역할을 상당 부분 언급하였다. 여기서는 상담 관계에서 상담자가 취해야 할 자세를 중심으로 이야기해 보자.

먼저, 상담자는 상담이 언어로 표현되기 이전의 마음을 다룬다는 사실을 명심한다. 상담은 청담자의 마음자리에 담겨 있는 그 무엇에 대한 이해가 바탕이 되어야 한다. 그런데 청담자의 마음자리에 있는 그 무엇은 언어로 다 표현되지 않는다. 언어로 표현되는 내용은 대부분 청담자 마음의 전체가 아니라 일부일 따름이고, 때로는 진실을 제대로 전달하지 못할 수도 있다. 따라서 상담자는 언어로 표현되지 않았거나, 또는 잘못 표현된 청담자의 원래 마음을 들을 수 있는 자세를 가져야 한다. 그러니까 청담자의 말을 열심히 듣고 이해하되, 거기에 한정하지 말고 청담자를 달리 이해할 가능성을 항상 열어놓아야 한다. 도를 도라고 하면 이미 도가 아니라는 도덕경의 첫 구절처럼, 우리는 자신이 털어놓은 마음이 원래 가지고 있던 마음과 어딘가 다르다는 느낌을 경험할 때가 있다. 이는 언어의 한계때문이기도 하고 소통 능력의 한계 때문이기도 하다. 어쨌거나 상담자는 청담자가 언어로 표현한 내용을 존중하되, 그 너머에 있을 법한 또 다른 내용에도 귀를 기울이고 이를 직관적으로 이해하려는 자세를 가져야한다. 청담자를 감동시키는 공감적 이해는 상담자의이런 자세에서 흘러나올 수 있다.

둘째, 상담자는 청담자를 무위자연하는 자세로 대한다. 도덕경이 추천하는 삶의 실천 방식은 무위자연하는 자세다. 앞에서 무위자연은 '타고난 덕성에 따라 스스로 그렇게 하는 행위' '꾸밈이 없는 행위' '있는 그대로 일어나는 행위' '비우는 행위' '욕심을 줄이는 행위'라고 풀이하였다. 상담자가 청담자를 대할 때에도 바로 이 무위자연하는 원리를 그대로 적용하는 것이 좋다.

먼저 상담자는 상담 관계에서 자신의 모습을 있는 그대로 드러낼 필요가 있다. 다른 사람을 의식하지 말고 자신의 내면에 귀를 기울이며 자신이 원하는 자연스러운 흐름을 따라가라는 말이다. 소위 진정성이라고 부르는 상담자의 이런 태도는 상담자와 청담자 모두에게 상담 관계를 편안하게 만들어 준다. 진정성이라는 맥락에서 보면, 인위적 개입과 꾸미는 행위를 자제하는 것도 중요하다. 상담을 하다보면 사고나 감정을 쉽게 바꾸지 못하는 청담자가 답답하여 상담자가 인위적인 개입을 할 때도 있다. 그러나 제일 효과적인 방법은 청담자 스스로 깨닫는 일이다. 상담자는 이러한 깨달음이 일어날 수 있도록 보조하는 역할에 만족해야 한다. 상담 과정에 상담자가 의도적으로 거짓을 행하는 일은 말할 것도 없고 지나친 인위적 개입 역시 삼가야 한다. 상담 과정에서 상담자가 고요하게 마음을 비우고 온 관심을 다하여 청담자에게 초점을 맞추는 일, 청담자를 도와준다고 지나친 욕심을 부리지 않고 상담 과정에서 발생하는 일들을 자연스럽게 허용하는 일 역시 상담자가 갖추어야 할 중요한 자세들이다. 이렇게 하면 마치 도인이 아무것도 하지 않으면서 하지 않는 것이 없는 것처럼, 상담자 역시 개입을 최소화하면서도 청담자의 삶에 많은 변화를 일으킬 수 있다.

4. 청담자

도덕경에 입각한 상담은 기본적으로 마음 편하게 세상을 즐기며 살아가려는 이들에게 도움을 줄 수 있는 전략이다. 성공보다는 편안하고 행복한 삶을, 바쁘고 요란하기보다 고요하고 한가한 삶을, 준비하기보다 누리는 삶을 더 가치 있다고 여기기 때문이다. 이러다 보니 도덕경 상담은 세상일과 세상살이를 다소 냉소적이고 허무주의적이고 부정적이고 소극적인 자세로 대할 수 있다. 이런 점에서 도덕경 상담은 연령이 어린 아동, 청소년들보다는 중장년층 성인에게 더 잘 어울린다. 이런저런 세상 경험이 도덕경에서 주장하는 핵심 가치관과 삶의 방식을 보다 수월하게 받아들일 수 있는 근거가 될 수 있는 까닭이다.

하지만 신경증적 불안이 심하고 스트레스를 많이 받는 아동과 청소년들이라면 도덕경 상담을 적용해 볼 만하다. 상급학교 진학 또는 미래의 삶을 준비하기 위하여 숨가쁘게 답답한 나날을 보내는 이들에게 마음의 부담을 덜고 잠시 쉬어갈 수 있는 쉼터 역할을 도덕경 상담이 감당할 수 있으리라 예상된다. 우리나라 고등학생의 30% 이상이 불안에 시달리고 있는데, 이 불안 현상의 대부분이 '성공을 향한 경쟁적 가치관'에 기인한다는 사실을 생각해 보면 도덕경 상담을 활용하는 것도 좋은 방법이라고 여겨진다. 혹자는 도덕경식 상담을 하면 이들이 도덕경식 사고 방식에 물들어 일찌감치 세상으로부터 뒷걸음질칠 수 있다는 걱정을 할 수도 있다. 그러나 워낙 성공지상주의에 심하게 물든 현대 한국 사회가 이들을 쉽게 내버려두지 않을 것이다. 그리고 만일 이들이 도덕경식 사고 방식과 생활 방식에 익숙해져 나름대로 행복하고 편안하게 살 수 있는 비결을 터득한다면 그것도 의미 있는 일이다.

5

맺음말

앞으로 내달리며 살기에 바쁜 현대인에게 노자의 도
덕경은 뚱딴지 같은 소리로 들릴 수 있다. 그러나 현대
사회에서 도덕경의 가치는 이렇게 뚱딴지 같은 소리로
들리는 바로 그곳에 있다. 모두가 한 방향만을 보고 미
친 듯 달려갈 때 그것이 옳은 것이 아닐 수 있으며, 따
라서 달리 사는 법이 있다고 용감하게 외치는 책이 도
덕경이다. 이런 이유 때문에 '노장 사상은 인류의 광
증을 올바른 정신으로 돌려주는 신기할 만큼 효과적인
건강소' 이며, '노장의 철저한 비판 정신은 시대와 장
소를 초월해서 오늘날까지 의미가 있으며, 그것을 거

울삼아 우리들의 삶의 여러 측면을 반성케 할 수 있는 힘을 가지고 있다(박이문, 2004).' 라는 주장이 나온다.

행복하게 잘 살기 위해서 열심히 살아온 인류, 그리하여 오늘날의 문명을 이룩한 인류가 과연 처음 원하는 그 목적을 달성하며 행복하게 잘 살고 있을까? 현대에 들어 인류가 경제적 · 물질적으로 풍요로워진 것은 사실이지만 정신적 · 영혼적 차원에서도 유사한 수준의 행복을 누리고 살고 있을까? 최근에 들은 뉴스 하나가 생각난다. 여러 나라 사람들의 행복지수를 비교해 보았더니, 방글라데시 사람들의 행복지수가 선진국 사람들의 행복지수보다 높게 나타났다고 한다. 조금 과장해서 '가난하지만 행복한 방글라데시 사람들, 부유하지만 불행한 선진국 사람들' 이라고 요약할 수 있는 이 현상을 어떻게 이해해야 할까? 여러 가지 해답이 가능하겠지만, 행복이 물질적 풍요로움에 좌우되는 것이 아니라는 점은 분명하다.

도덕경은 우리에게 편안하게 인생을 즐기며 오래오래 살라고 한다. 그렇기 살기 위해서 무위 · 자연하고 또 자신을 낮추고 숨기고 덜어내고 약하고 부드럽게 행하라고 한다. 도덕경이 추천하는 이런 삶의 방식은 현대 우리 사회가 그렇게 강조하는, 그리하여 현대인들이 아무 의심 없이 따르는 삶의 방식과 정반대되는 것들이다. 선택은 각자에게 달려 있다. 현대를 살아가는 사람으로서 지금하고는 다르게 좀 더 편안하고 행복하고 즐겁게 살기를 원한다면 한 번쯤 도덕경의 요구를 진지하게 검토해 봄이 좋을 것이다.

앞에서 필자는 도덕경의 내용을 요약하고 도덕경이 현대 상담에 주는 시사점을 찾으려고 하였다. 이 작업을 하다가 필자는 도덕경의 내용 그 자체가 하나의 상담 이론으로 정립될 수 있으리라는 확신을 갖게 되었다. 그러니까 도덕경은 현대 상담에 도움을 줄 시사점을 끌어 낼 자원으로서도 훌륭하지만, 아예 현대 상담 이론의 하나로 자리매김할 가치가 충분하다는 주장이다. 앞 항목의 제목을 '도덕경이 현대 상담에 주는 시사점'이라고 하지 않고 '도덕경과 현대 상담'이라고 한 이유가 여기에 있다.

　도덕경 상담을 현대 상담 이론으로 자리매김하기 위해서도 앞으로 할 일이 많다. 이 역시 상담학도들이 힘을 합쳐야 가능한 일이다. 주어진 삶을 가능하면 편안하고 즐겁고 행복하게 오래 살기를 원하는 사람들에게 도덕경 상담은 새로운 길을 안내하는 또 하나의 등불이 될 것이다.

| 참고문헌 |

김용옥(1999). 노자와 21세기(1). 서울: 통나무.

김용옥(2000). 노자와 21세기(2). 서울: 통나무.

김형효(2004). 사유하는 도덕경. 서울: 소나무.

노재욱(1994). 노자 도덕경. 서울: 자유문고.

박이문(2004). 노장사상: 철학적 해석. 서울: 문학과 지성사.

박종혁(편역, 1998). 도덕경에 대한 두 개의 강의. 서울: 서해
    문집.

서복관(유일환 역, 1995). 중국인성론사: 선진편. 서울: 을유문
    화사.

이경숙(2000). 노자를 웃긴 남자. 서울: 자인.

이경숙(2001). 노자를 웃긴 남자(2). 서울: 자인.

이경숙(2004). 도덕경: 덕경. 서울: 명상.

이경숙(2004). 도덕경: 도경. 서울: 명상.

조현숙(1991). 노자 도덕경. 서울: 서광사.

허항생(노승현 역, 1995). 노자철학과 도교. 서울: 예문서원.

저자 소개

박성희

1957년 서울 출생
서울대학교 사범대학 교육학과 졸업
서울대학교 대학원 교육학과 교육상담학 박사
한국행동과학연구소 상담실 책임연구원
미국 위스콘신대학교 상담학과 객원교수
캐나다 브리티시 컬럼비아대학교 상담학과(ECPS) 객원교수
한국상담학회 수련감독사
현재, 청주교육대학교 초등교육학과 교수

[저서와 역서]
담임이 이끌어 가는 학급상담(학지사, 2006)
한국형 초등학교 생활지도와 상담(공저, 학지사, 2006)
꾸중을 꾸중답게, 칭찬을 칭찬답게(학지사, 2005)
초등학교 현장 상담대화기법 동영상 CD 프로그램(학지사, 2005)
공감학: 어제와 오늘(학지사, 2004)
상담학 연구방법론: 사회과학 연구방법의 새로운 지평(학지사, 2004)
상담의 도구(대한민국학술원선정 우수도서, 이동렬과 공저, 학지사, 2002)
동화로 열어가는 상담이야기(학지사, 2001)
상담의 새로운 패러다임(대한민국학술원선정 우수도서, 학지사, 2001)
상담의 실제(대한민국학술원선정 우수도서, 이동렬과 공저, 학지사, 2001)
새내기 상담가를 위한 상담과 심리치료(이동렬과 공저, 교육과학사, 2000)
공감과 친사회행동(문음사, 1997)
사람들의 행동을 변화시키는 특이한 방법들(역, 양서원, 1995)

[수 상]
대한민국학술원선정 우수도서(2003)
제12회 한국교육학회 학술상 수상(2006)
제14회 삼천리자전거배 전국산악자전거대회 초급 마스타부 우승
제2회 봉화춘양목송이배 전국산악자전거대회 초급 마스타부 우승

동양상담학 시리즈 6

도덕경과 상담

1판 1쇄 인쇄 | 2007년 1월 5일
1판 1쇄 발행 | 2007년 1월 10일

지은이 | 박성희
펴낸이 | 김진환
펴낸곳 | 도서출판 **학지사**

주소 | 121-837 서울시 마포구 서교동 352-29 마인드월드빌딩 5층
대표전화 | 02)326-1500   팩스 | 02)324-2345
홈페이지 | http://www.hakjisa.co.kr
등록 | 1992년 2월 19일 제2-1329호
정가 | 7,000원
ISBN | 978-89-5891-406-8 94180
        978-89-5891-400-6 (set)

동양상담학 시리즈

■ 마음과 상담 ①

상담은 사람의 마음을 전문적으로 다루는 활동이다. 따라서 상담자는 마음이 어떻게 생겼는지, 어떻게 작동하는지, 어떻게 변화되는지 등 마음에 대해 남다른 지식을 가지고 있어야 한다. 이 책은 마음에 대한 동서양의 관점을 살피고 이를 상담에 활용하는 전략에 대해 다룬다.

■ 불교와 상담 ②

불교에서 상담적 요소를 찾아내어 이를 현대 상담 이론과 상담 전략으로 정립하려는 노력은 꾸준히 전개되어 왔다. 이제 지금까지의 연구 결과를 종합하여 매듭을 하나 짓고 동시에 불교 상담의 미래를 전망할 시점이 되었다. 불교 상담의 어제, 오늘 그리고 내일을 조망해 본다.

■ 선문답과 상담 ③

선문답과 상담이 무슨 관련이 있을까? 이해하기도 어렵고 이해하려는 노력만으로는 절대로 풀 수 없는 선문답을 상담에 가져오는 일이 가능할까? 하지만 700여 년 이상 전개된 선문답의 역사를 들여다보면 답은 명쾌해진다. 단박에 존재의 본질을 꿰뚫고 들어가는 선문답은 실존적 상담을 이끌어 가는 중요한 실마리로서 손색이 없다.

■ 논어와 상담 ④

2,500여 년 전 공자가 제자들을 데리고 다니며 상담 활동을 전개했다는 사실을 아는가? 요즈음 말로 공자는 인생 상담에 도가 트인 분이다. 논어에 담겨 있는 공자의 지혜를 현대 상담으로 풀어낸다.

■ 퇴계 유학과 상담 ⑤

퇴계가 정립한 조선 성리학은 사람의 마음을 살핀 심성론이다. 경을 중심으로 전개되는 심성론에는 오늘날 상담학에서 다루는 많은 지식이 아주 섬세하게 논의되고 있다. 상담자로서 퇴계의 면모를 살펴보고 그의 아이디어를 현대 상담으로 끌어와 살핀다.

■ 도덕경과 상담 ⑥

도덕경은 그야말로 상담책이라고 해도 과언이 아니다. 도덕경의 한 구절 한 구절이 모두 세상을 행복하게 살아가는 법에 대해 말하고 있기 때문이다. 삶을 소유가 아니라 누림으로 풀어내는 노자의 혜안을 통해 행복하게 살고픈 이들을 돕는 동양의 비법을 접할 수 있다.

■ 모리타 상담 ⑦

신경증 치료를 위하여 모리타가 개발한 일본식 상담이다. 서양식 상담을 일방적으로 수입하지 않고 일본 내에서 자생적으로 성장한 상담이라는 점이 주목할 만하다. '아무것도 하지 않으면 자연적인 치유의 힘이 발동한다.'는 원리로부터 체계적인 상담법을 발전시킨 모리타의 창의성이 돋보인다.

■ 나이칸 상담 ⑧

나이칸 상담은 모리타 상담과 어깨를 나란히 하여 세계로 수출되고 있는 일본식 상담이다. 감사하는 마음을 북돋아 일으킴으로써 청담자를 평화와 행복의 세계로 인도하는 방법을 제시하고 있다. 감사하는 마음을 일으키기 위하여 마련한 치밀한 세부 절차와 과정에서 일본 냄새가 강하게 풍기는 상담임을 느끼게 한다.

■ 동사섭 상담 ⑨

세계 상담계에 내놓아도 좋을 만한 대표적인 한국식 상담이다. 불교적인 아이디어와 서양식 상담을 절묘하게 버무려 새로운 형태의 상담을 탄생시킨 용타 스님의 혜안이 놀랍다. 짧은 시간에 많은 사람들의 메마른 감정을 휘저어 감동을 주는 동사섭의 세계를 맛볼 수 있다.

박성희 저 / 46판 / 전9권 / 각권 7,000원 (세트 63,000원)

꾸중을 꾸중답게
칭찬을 칭찬답게

박성희 지음 | 신국판 | 204면 | 9,000원

교사와 학부모를 꾸중과 칭찬의 전문가로 거듭나게 하는 책

　꾸중과 칭찬은 교사와 학부모가 가장 많이 활용하는 교육수단으로 교육효과를 결정하는 매개과정이기도 하다. 꾸중과 칭찬을 잘하면 교육을 성공적으로 이끌 수 있는 반면, 잘못하면 교육을 망치게 된다. 꾸중과 칭찬을 다룬 여러 문헌에 실린 내용을 알기 쉽게 정리하고 상담원리가 반영된 꾸중과 칭찬 방법을 자세하게 소개한다.

동화로 열어가는 상담이야기
-수용과 공감의 지혜-

박성희 지음 | 신국판 | 232면 | 8,000원

베갯머리에서 듣던 옛날 이야기처럼 쉽게 풀어 가는 상담이야기

　재미와 이론을 함께 담은 책. 인간 변화의 원리와 전략을 쉽게 풀어놓고, 친밀한 예화를 통해 일상에서 흔히 접하는 이야기와 사건을 상담지식과 연결해 놓았다. 상담의 기본 토대인 바람직한 관계 구축을 위한 세 가지 방법, 상담자가 앞장서서 청담자를 리드하는 방법, 상담에서 활용하는 대화 방법 등에 대한 지식을 소개한다.

붓다의 심리학

붓다의 가르침과
서양 심리학의 조화로운 만남

Mark Epstein M. D. 저 | 전현수 · 김성철 공역 |
신국판 | 304면 | 15,000원

 이 책은 불교가 정신치료나 상담의 한계를 보완해 줄 가능성을 살피고, 모든 정신은 명상적 자각을 할 수 있다는 것을 보여 준다. 불교와 정신치료의 두 분야를 오랫동안 병행해 온 저자 마크 엡스타인은 이 책에서 육도윤회를 심리학적인 관점에서 해석한다. 또한 심도 있는 명상을 정신역동적으로 해석하면서, 명상이 활용될 때 보다 효과적인 정신치료를 할 수 있다고 주장한다.

마음챙김 명상과 자기치유 (上, 下)

삶의 스트레스에서 자유로워지는 길

존 카밧진 저 | 장현갑 외 공역 |
신국판 | 384/352면 | 각권 10,000원

 명상과 의학의 결합 그리고 명상과 과학을 흥미롭게 우리의 건강 및 삶의 질과 연관 짓는 책. 웰빙과 완전한 자기 구현을 위해 수많은 사람들이 선택한 마음챙김 명상법을 소개하고 있다. 마음챙김 명상을 통해 우리의 건강을 위협하는 삶의 스트레스에서 자유로워지는 길을 찾을 수 있으며, 인간사 전반과 통증 및 질병에도 대처할 수 있는 지혜를 얻을 수 있다. 의사, 명상수련을 전문으로 하는 종교인, 일반인들로부터 주목을 받아 왔으며, 신경정신과 전문의 등을 중심으로 실제 임상치료에 적용되고 있다.

마음이 지닌 치유의 힘

고통 속에서 의미를 찾아 극복하게 하는 안내서

Joan Borysenko 외 공저 | 장현갑 외 공역 |
272면 | 9,900원

이 책에서 고통은 단순한 고통으로 끝나는 것이 아니라 그 고통 속에서 의미를 찾아 극복해 나갈 때 엄청난 치유의 가치가 있음을 강조하고, 고통이 성장의 촉진제인 동시에 치료제가 될 수 있음을 알려 주고 있다. 마음이 지닌 엄청난 치유의 힘을 최대한 발휘할 수 있도록 명상, 기도, 최면, 심상 등 온갖 종류의 심리적 방법을 과학적인 증거를 들어가면서 쉬우면서도 친절하게 소개한다. 미국에서 장기간 베스트셀러에 오르기도 했다.

요가 첫걸음

과학적이고 체계적으로
요가 수련을 소개하는 실습지침서

샌드라 앤더슨 · 롤프 소빅 공저 | 조옥경 · 김채희 공역 |
국배변형판 | 252면 | 20,000원

몸과 마음이 어떻게 작용하고 있는지에 관한 원리를 충실하게 밝히면서 과학적이고 체계적으로 요가 수련을 소개하는 훌륭한 실습지침서. 내용은 물론이고 아름답고 우아한 동작을 묘사한 화보로 가득한 구성과 세련된 디자인에 절로 눈길이 간다. 요가의 어렵고 심오한 부분을 쉽고도 평이하게 소개하는 것과 더불어 요가로 몸과 마음을 단련하면서 마음과 영혼을 살찌우길 원하는 사람들을 위한 안내서로도 손색이 없다. 기본적인 내용에 충실할 뿐만 아니라, 개인적 필요에 맞는 맞춤식 요가 자세를 구성할 수 있는 방법도 제시한다.